DISCOURS, RÉCIT, IMAGE

 *PHILOSOPHIE ET LANGAGE*

A. Kibédi Varga

discours, récit, image

PIERRE MARDAGA, EDITEUR
LIEGE-BRUXELLES

© 1989 Pierre Mardaga, éditeur
Rue Saint-Vincent 12 - 4020 Liège
Galerie des Princes 2-4 - 1000 Bruxelles
D. 1989-0024-17

Préface

Dans les pages qui suivent, j'ai essayé de poser et d'analyser deux problèmes ; d'abord celui des rapports entre narration et persuasion, qui me semblent être les deux qualités les plus fondamentales de toute communication verbale — ensuite, celui du transfert de la problématique analysée dans le domaine du visuel. Texte et image sont inséparables.

Il ne s'agit donc pas de présenter un exposé détaillé de la rhétorique et de la narratologie ; certains aspects de ces deux disciplines seront rapidement résumés ou passés sous silence : seul est retenu ce qui semble pertinent du point de vue des deux problèmes posés.

Il va sans dire que l'étude comparée du narratif et de l'argumentatif ne présente pas — on le verra surtout au dernier chapitre — que des différences. Mais les oppositions sont plus visibles, bien entendu, dans le cas de textes conventionnels : une critique déconstructionniste aura beau jeu de démontrer que certaines mises en contraste ne jouent plus pour les textes modernes.

Ce livre est le fruit de plusieurs années d'enseignement et de recherche. Des résultats partiels ont déjà paru dans certains de mes articles (cités ici dans les notes) et dans mes contributions à certains colloques. Ma reconnaissance est grande à l'égard des collègues et étudiants de l'université de Lille III, de l'Institut de linguistique et de communication de l'université de Pécs où j'ai présenté en 1987 une première version de ce texte et aux étudiants, collègues et amis au département de français de ma propre université, l'Université Libre d'Amsterdam, qui m'ont permis de profiter de leurs questions et remarques critiques.

Le présent travail a été fait dans le cadre du programme de recherche «Semiotisch-rhetorische tekstbeschrijving» de la Faculté des Lettres de l'Université Libre d'Amsterdam. Je remercie le secrétariat, et notamment Susanne Glerum, des soins apportés à la présentation du manuscrit ; Jeanne Denieul, qui a eu l'amabilité de corriger les épreuves. Et je remercie de manière particulière Sophie Bertho qui a bien voulu questionner le style et le contenu de ce texte.

I. Le texte

NOMMER ET COMMUNIQUER

La parole est l'un des moyens — à côté des gestes et du regard — dont l'homme dispose pour sortir de lui-même, pour établir un contact avec l'extérieur. Depuis toujours nous avons l'habitude de distinguer deux types de contacts : l'acte par lequel l'homme se rapproche des objets est différent de celui qui le rapproche de ses semblables. On se sert des mots pour désigner des choses ou pour communiquer avec autrui.

Dans le premier cas, l'homme aura reçu la parole, comme le veut la tradition issue du récit chrétien de la création du monde, pour nommer. Il nomme les choses qui attendent d'obtenir une place dans l'univers verbal humain afin de fonctionner comme réalité. La réalité, c'est ce qui est susceptible d'être nommé. Les mots collent aux choses, ils en révèlent l'essence et les choses garantissent la vertu des mots. Voici l'usage vertical de la parole.

L'homme qui nomme les choses est maître de l'univers, il dompte verbalement la nature. Mais cette même parole lui sert aussi pour entrer en contact avec autrui. D'où une autre hypothèse sur l'origine du langage : la parole serait née de la misère et de la faiblesse de ceux qui, pour survivre, ont besoin du secours des autres. Les enfants attirent par leurs cris l'attention des adultes. Ils apprennent ensuite —

l'apprentissage du monde est fondamentalement verbal — que la communication est indispensable. Pour vivre et pour survivre, nous avons sans cesse besoin de scruter et de connaître autrui par la parole, de découvrir, grâce à elle, les méandres des mécanismes psychiques. A côté de l'usage vertical et essentialiste de la parole, voici l'usage horizontal et existentiel.

La parole, signe de grandeur pour celui qui nomme, devient, dans la communication, signe de faiblesse ou tout au moins signe de la conscience que l'homme ne peut subsister seul, que son existence dépend de ses semblables.

Faut-il opposer ces deux conceptions, ces deux hypothèses spéculatives sur l'origine du langage? Il y a, certes, une tension sensible dans tout acte langagier entre le besoin de bien formuler ce que nous voulons dire au sujet des choses et le besoin de nous faire bien entendre par notre interlocuteur. Un vocabulaire technique précis peut empêcher le succès de la communication : faut-il alors sacrifier une partie de la précision, voire de la vérité, au profit d'une entente harmonieuse ? Dans d'autres cas, nous réduisons l'information portant sur les choses à un minimum et soumettons la presque-totalité de nos mots au souci de l'entente, tant l'accord avec notre interlocuteur nous semble important. Ce sont là les choix éthiques et rhétoriques quotidiens de tous ceux qui parlent.

Le passage de la nomination à la communication — puisqu'en parlant nous opérons inévitablement une synthèse pratique des deux hypothèses contradictoires —, ce passage comporte toujours une tension puisque, en la nommant, nous arrachons la chose à son devenir, à son contexte temporel, pour en constituer l'essence (partout et toujours) généralisable, tandis que, pendant la communication, nous cherchons à réintroduire cette chose fixe, cette essence intemporelle dans le flux du temps. On ne peut pas communiquer au sujet de rien : même un geste, un soupir ou un regard fait un détour, si court soit-il, contient un renvoi minimal au règne des choses fixes avant de révéler sa signification (absolue et éphémère) à l'âme ou à l'esprit du destinataire. Le paradoxe de la communication : il faut se servir des moyens mêmes que l'homme croit avoir inventés pour désigner ce qui ne change pas et ce qui lui est extérieur.

L'acte de la nomination privilégie les substantifs précédés des formules *c'est* ou *voici* : «c'est un arbre», «voici une maison». Le verbe *être* est le verbe à la fois le plus fort et le plus faible dans toutes les langues. Il est le plus fort parce qu'il donne l'existence au nom auquel il s'attache et il est le plus faible parce qu'il ne possède aucune qualité ; il permet à ceux qui parlent de l'oublier, de se concentrer entièrement sur le nom qu'il désigne[1]. En revanche, l'acte de communication demande des structures linguistiques plus complexes ; le substantif, et en général les noms, ne sont plus privilégiés aux dépens des verbes.

Le conflit entre ces deux actes serait-il un conflit entre les mots et les phrases ? Le mot désigne, la phrase communique. L'insertion du mot fixe dans la continuité, jamais absolument unilinéaire, de la phrase ne va pas sans dégâts. Le mot perd son assurance, ses voisins le contaminent et le détachent quelque peu de la chose à laquelle il croyait pouvoir coller : en s'inscrivant dans l'acte de communication, le mot peut devenir ambigu et perdre la netteté qui caractérisait ses attaches avec la chose que, «à l'origine», il était censé nommer.

La linguistique n'admettrait sans doute pas une distinction aussi simpliste. Il y a des mots qui communiquent, il y a des phrases qui nomment. Mais la distinction première, celle qui oppose nomination et communication, a marqué pendant longtemps l'histoire de la linguistique. Cette discipline a eu une prédilection tenace pour des phrases du type «La maison a quatre murs» ou «Les assassins tuent», c'est-à-dire des phrases que j'aurais tendance à appeler essentialistes et tautologiques, dans la mesure où la collocation syntagmatique ne nuit ici aucunement à la netteté essentielle des mots employés, les verbes ne faisant qu'expliciter ce qui se trouve déjà dans la définition des noms-sujets. Ce sont des pseudo-phrases, en ce sens qu'elles ne font que nommer, et il faut des contextes très particuliers pour qu'elles assument une fonction de communication (contexte émotionnel, ironique).

Nommer, c'est inventer un savoir, c'est s'octroyer une connaissance. La langue est un véhicule d'information. Le culte mythique de la connaissance scientifique qui caractérise le monde occidental, a eu pour effet de privilégier une conception de la langue en tant que moyen de connaissance. C'est grâce à la langue que l'homme s'est affranchi de la barbarie, qu'il a réussi à domestiquer la nature, et à inventer la culture et les sciences[2].

Il faut bien ajouter que, pour toutes sortes de raisons — magie de l'écriture, priorité accordée métaphysiquement à tout ce qui est fixe, culte de l'autorité et des normes — la linguistique avait choisi pendant longtemps la *langue écrite* comme unique objet de recherche. Or, les procédés qui visent la communication sont beaucoup plus discrets dans l'écrit que dans l'oral. Dans une situation orale, le rapport destinateur-destinataire est souvent incertain et ambigu : le destinateur doit tout mettre en œuvre, gesticuler, répéter, lourdement (ou frivolement) insister afin que le contact soit établi ; en revanche, dans le cas de l'écrit, le destinataire est déjà à moitié acquis : c'est lui qui avait choisi son destinateur, c'est lui qui s'était arrêté devant tel panneau publicitaire, c'est lui qui avait pris tel livre sur l'étagère. La typographie et l'emplacement assument ainsi, pour l'écrit, des rôles communicatifs que l'oral doit exprimer à lui seul.

Des enquêtes statistiques semblent confirmer le parallélisme — approximatif, bien sûr — entre information et communication d'une part, et écrit et oral d'autre part : le nombre des verbes, des pronoms et des adverbes est plus élevé dans le discours oral que dans le texte écrit, qui privilégie les substantifs et les constructions nominales[3].

Ainsi, le texte écrit peut viser en premier lieu la transmission de l'information et, le mythe occidental aidant, la linguistique peut s'enfermer dans une vision essentialiste — que l'on songe à la Grammaire de Port-Royal ou à Geulinckx. Toutefois, ce qui aurait dû gêner les linguistes d'autrefois (et d'hier), c'est que dans la pratique des livres, pendant la lecture de textes, on ne rencontre que rarement des phrases autonomes, «verticales» et dont le sens soit complet, c'est-à-dire qui soient entièrement compréhensibles sans recours à d'autres phrases qui les précèdent ou les suivent. C'est en cherchant des exemples dans la littérature romanesque, pour les utiliser ensuite dans un manuel scolaire de grammaire, que B. Kálmán s'étonne de la rareté de telles phrases[4] et c'est ce qui l'amène à s'intéresser aux phrases non-autonomes et à la grammaire, non plus des mots et des phrases, mais des textes. La plupart des phrases ne fonctionnent en effet qu'à l'intérieur d'un texte.

Cette réduction de la linguistique traditionnelle est d'autant plus surprenante qu'elle évoluait parallèlement à une discipline omniprésente qui, elle, s'intéressait uniquement à la communication : la rhétorique. L'enseignement de celle-ci complétait en principe celui de la grammaire et se situait au carrefour de la logique et de la psychologie : elle aurait dû briser les cadres étroits de la grammaire phrastique.

La communication doit être étudiée au niveau du texte. La nomination ne peut pas s'étendre au-delà de la phrase. L'acte de nommer est un acte d'autorité, un acte immédiat qui révèle et qui ne se discute pas. S'il a besoin d'être soutenu par des descriptions, des explications et des raisonnements, il se transforme inévitablement en communication parce que l'on ne soutient pas la nomination par rapport au référent — elle est vraie ou fausse, mais elle ne se discute pas en sens vertical — mais uniquement par rapport au destinataire, pour la lui faire accepter, pour le persuader de la faire sienne.

Grâce à l'essor de disciplines nouvelles comme la sociolinguistique et l'analyse du discours[5], l'étude du texte — écrit et oral — se trouve à présent au centre de l'intérêt et elle occupe une place de choix dans l'ensemble des études linguistiques. Le texte est un moyen de la communication inter-humaine; pour l'étudier, pour en découvrir les procédés constitutifs et les structures globales, il nous faut postuler l'hypothèse que le texte vise la communication. Il le faut parce que les structures que nous y découvrons sont celles qui sont perçues par le destinataire. Comment connaître le sens de ce qui ne s'adresse pas à l'homme, comment percevoir un sens qui ne soit pas celui de l'homme, destinateur et destinataire?

LES INCERTITUDES DE LA COMMUNICATION VERBALE

Les conséquences de notre hypothèse initiale sont nombreuses, ce livre en témoignera. Mentionnons dès maintenant l'une d'elles, afin de mettre en relief les limites et les difficultés de notre entreprise. Si le texte est un moyen de communication, on comprendra qu'il ne possède que les traits et qualités qui sont nécessaires à celle-ci. En outre, s'il est l'un des moyens de la communication, il est évident que toute communication ne passe pas par lui.

Ainsi, le texte ne possède pas nécessairement la qualité d'être complet et explicite, ce qui correspondrait à un idéal scientifique mais entraînerait, lors de l'acte de communication, des lenteurs et des lourdeurs insupportables et absolument superflues[6]. Le texte pêche d'ailleurs des deux côtés : il ne dit pas assez et il dit trop, il est redondant. Il tait certaines choses, les laisse dans l'ombre et, en revanche, il en répète d'autres à satiété.

Au moment de la réception du texte, c'est-à-dire au moment où quelqu'un écoute un discours ou lit un texte écrit, ces deux «faiblesses» ne sont en général pas perceptibles, elles disparaissent. Ce qui les fait disparaître, c'est d'une part la mise en situation du texte et d'autre part les moyens non-verbaux de la communication que le destinateur utilise presque automatiquement.

Un texte peut être incomplet, lorsque par exemple l'endroit où il se produit ou les qualités intellectuelles du destinataire fournissent les renseignements supplémentaires qui manquent au texte. Ainsi un sermon prononcé dans une église présuppose un minimum de connaissances bibliques chez les auditeurs; en même temps, un tel sermon profite dès le début de l'ensemble des capacités non-verbales du destinateur. L'extérieur physique, les gestes, la voix, le visage et le regard contribuent à supprimer l'incomplétude du texte [7]. La mise en situation supplée à ce qui manque à l'information, les moyens non-verbaux plutôt à ce qui manque à la communication.

Ce qui est redondant dans un texte concerne en premier lieu la communication : le destinateur, lorsqu'il craint l'animosité ou l'incompréhension, multiplie les signes qu'il croit capables de faire passer le message ou de préparer l'accord avec le destinataire. Les éléments redondants sont particulièrement nombreux dans les textes oraux : ils ont une valeur mnémonique, ils donnent l'illusion de la fixité au milieu de cette foule de mots qui s'envolent. Les textes écrits peuvent s'en passer, puisque la redondance — c'est-à-dire sa nécessité éventuelle — se trouve ici en fait transférée du côté du destinataire, elle fait partie du choix libre de celui-ci : il peut relire la même phrase ou le même paragraphe autant de fois qu'il le désire [8].

Les deux problèmes mentionnés existent dans la mesure où nous admettons qu'un texte est un moyen de communication. Mais tout texte peut-il être vraiment intégré dans cette catégorie? Il convient de signaler deux cas particuliers que certains qualifieront de cas-limites et que d'autres appelleront peut-être franchement des exceptions. Personne ne mettra en doute la fonction communicative des textes de la vie pratique, tels les modes d'emploi, les dépliants publicitaires, les plaidoyers; aussi les cas en question concernent-ils la littérature.

S'il existe aujourd'hui, plus encore que dans certains textes scientifiques ou dans des ouvrages encyclopédiques, des traces nettes d'un usage vertical de la parole, d'une volonté de pure nomination, c'est bien dans *la poésie lyrique* qu'il faut le chercher. Depuis Rimbaud et Mallarmé, ce qui caractérise le lyrisme, c'est la volonté de rendre aux mots leur sens original et de les soustraire à la discursivité banalisante. Le poète entretient un rapport autrement fondamental avec les choses que les orateurs et les narrateurs : le rapport ternaire de ces derniers (destinateur - chose - destinataire) se trouve remplacé par un rapport binaire (destinateur - chose). Les œuvres de Reverdy, de Char, de Ponge, de Bonnefoy, de Du Bouchet peuvent être considérées comme autant d'étapes dans cet itinéraire, dans cette quête de l'essence dépouillée des contingences de la discursivité communicationnelle[9]. Comment étudier la fonction communicative de textes destinés à rétablir le rapport direct de nomination entre l'homme et la chose ? Le problème est de taille mais il ne comporte qu'une solution banale : le lecteur de poésie fait *comme si* ces textes lui étaient destinés, en essayant d'en saisir le sens afin de pouvoir répéter le geste qu'ils contiennent et auquel ils le convient.

Mais le langage poétique ne constitue pas la seule exception. Considérer le texte comme un moyen de communication, c'est récuser l'hypothèse contraire, l'ordre psychologique, selon laquelle certains textes littéraires, sinon tous, ont été produits par un besoin d'*auto-expression*. Des confessions autobiographiques, des poèmes, de nombreux textes romantiques pourraient être cités à l'appui de cette hypothèse. Il existe, en effet, un grand nombre de textes dont la genèse individuelle s'explique par un tel besoin. L'auto-expressivité peut exclure toute considération sociale, peut même se formuler comme un geste hostile à la société. Mais la genèse, la volonté qui préside à la production d'un texte — et cette réponse vaut dans une certaine mesure pour le premier cas-limite aussi — relève en premier lieu de la psychologie et de l'histoire ; la description d'un texte ne devient possible qu'à partir du moment où il se trouve intégré parmi les innombrables textes qui circulent sans cesse entre une infinité d'émetteurs et de récepteurs, à partir du moment où il fait partie du réseau de la communication. L'auto-expressivité devient à ce niveau, non pas une catégorie autonome de la production textuelle mais partie intégrante du système de la communication, cette partie-là précisément que la rhétorique classique désignait par le terme de *mœurs* (ethos) : l'auto-expression se transforme dans l'image — agréable, flatteuse, horrifiante etc. — du destinateur telle qu'elle est perçue par le destinataire[10].

CLASSEMENTS

Il faut constater une curieuse absence qui semble d'ailleurs se perpétuer dans toutes les langues : celle d'un mot univoque et simple permettant de désigner l'ensemble des objets qu'une discipline relativement jeune, la «théorie du texte» ou «l'analyse du discours» cherche à décrire. Le terme manque en effet qui embrasserait indifféremment tout ensemble cohérent de phrases, que cet ensemble soit oral ou écrit, que ces phrases soient prononcées par une ou plusieurs personnes.

Les règles qui déterminent, au niveau linguistique, la cohérence d'un texte écrit ou d'un discours oral, d'un monologue et d'un dialogue ou d'une conversation, sont très globalement les mêmes : il faudrait donc disposer d'un terme générique désignant cette totalité dont le texte, le discours, la conversation, etc. seraient des sous-ensembles. Je prends la décision arbitraire de me servir, comme terme générique, du mot texte[11].

Dans cet immense ensemble de textes, il faut distinguer non pas deux mais trois ou quatre espèces, en ajoutant aux formes pures de l'oral et de l'écrit les formes «mixtes» :

1. Le texte *écrit* destiné à être *lu*, sans aucune intervention de l'oralité et des moyens de communication non-verbale ; c'est le cas de la majorité des textes de la vie pratique (textes officiels, modes d'emploi, journaux, publicité) et des textes littéraires modernes.

2. Le texte *écrit* destiné à être *récité* ; c'est le cas des plaidoyers, des sermons, des pièces de théâtre. On distingue rarement cette catégorie qui est pourtant une catégorie mixte tout à fait caractéristique : l'auteur, en l'écrivant ne peut pas s'empêcher de conférer à son texte certains traits de l'écrit, mais comme il le destine à être lu ou récité à haute voix, il essaye de lui donner certaines caractéristiques de l'oralité (p. ex. la redondance).

3. Le texte *récité* à l'origine et *imprimé* ensuite. C'est sans doute la catégorie quantitativement la plus restreinte. Il s'agit de textes anciens ou folkloriques, enregistrés et transcrits par des scribes ou des collectionneurs plus modernes. Une large partie de la littérature ancienne (épopée) et populaire (chanson, conte de fées) semble avoir connu une phase orale avant d'avoir eu accès à la forme écrite. Il faut souvent un travail d'érudition pour reconstituer les traits d'oralité de ces textes[12].

4. Le texte *oral* destiné à être *dit*. Contrairement aux textes de la seconde catégorie, ces textes sont en majorité dialogiques : les discours et les conversations spontanés sont rarement des monologues, ils naissent au contact de deux ou plusieurs êtres humains[13]. Ce sont les textes qui sont le plus étroitement liés à la situation sociale qui les provoque, c'est ici que l'incomplétude et la redondance sont le plus sensibles — surtout lorsqu'on fait abstraction de la situation pour n'étudier que l'enregistrement de ce qui a été dit! La discipline moderne de l'«analyse du discours», particulièrement répandue aux Etats-Unis, s'intéresse presque exclusivement à cette catégorie.

Un tel classement a sans doute quelque chose d'arbitraire, surtout si l'on songe au problème de la lecture muette : celui qui lit, imite parfois la voix vivante, il lui arrive même de lire à haute voix. Et si les cloisons étaient étanches, pourquoi Flaubert aurait-il voulu soumettre ses phrases, destinées à être imprimées et lues en silence, à la fameuse « épreuve du gueuloir » ? Il semble néanmoins utile de dresser un tel classement schématique afin de se rendre compte de l'existence de formes mixtes entre les deux extrémités de l'écrit et de l'oral purs.

Je définis le texte comme un moyen verbal de communication humaine et non pas comme un ensemble de phrases. Une telle définition me permet d'esquiver le problème, qui serait autrement insoluble, de la longueur minimale d'un texte. Celui-ci ne se termine pas nécessairement par le mot « Fin » à la dernière page d'un livre volumineux : deux personnes pressées qui se saluent dans la rue et ne disent que « ça va ? - ça va » construisent ensemble un texte autonome de plein droit. Ce qui compte uniquement, ce sont les conventions culturelles qui donnent aux usagers familiarisés avec ces conventions « le sentiment de clôture », l'impression que la communication est terminée, que le texte est achevé.

On ne peut communiquer sans informer, on ne peut pas entrer en contact avec un autre sans lui adresser un message, sans le biais d'un élément tiers. Aussi peut-on distinguer dans tout texte des éléments qui relèvent de l'information et ceux qui relèvent de la communication. Grâce à ses lointaines « origines » de nomination, l'information la plus directe et la plus dense est une information non-organisée : un catalogue alphabétique, un annuaire de téléphone, une encyclopédie. A l'état pur, les descriptions gardent ce caractère non-organisé : rien ne nous oblige à commencer par A plutôt que par B, rien ne nous empêche non plus d'ajouter ou de retrancher des détails à l'infini. Face à cette énorme liberté, le destinateur est maître et roi : c'est lui qui décide librement de la qualité d'information qu'il transmet. Cette liberté pose d'ailleurs un immense problème : comment terminer verbalement une description, comment donner au destinataire le sentiment de clôture[14] ?

L'information brute, telle qu'elle est transmise par les descriptions scientifiques et littéraires, cède souvent le pas à des formes plus complexes de la transmission de l'information. Ces formes artificielles qui correspondent aux conventions culturelles d'une communauté, hiérarchisent le savoir. Ainsi, la narration est une forme artificielle tout à fait privilégiée d'une telle transmission de connaissances ; le consensus sur un certain nombre de valeurs sociales (exemple : « il faut se marier pour vivre heureux ») permet au récit de démarrer et ensuite de se terminer. L'information a lieu à l'intérieur de ce cadre artificiel, c'est-à-dire que sa présentation dépend des lois de la narration, elle est soumise aux règles du genre. — La seconde forme artificielle très répandue est celle de l'argumentation. Tandis que la narration semble encore être un prétexte pour transmettre de l'information qu'il serait plus difficile de faire passer autrement, l'argumentation est une forme d'action plus directe sur le destinataire, une forme qui relègue au second plan la cause de l'information. Contrairement à la description et à la narration qui lui accordent une large place, ce qui reste ici du message, se trouve strictement soumis à la volonté de persuader le destinataire.

Face à l'information pure, que nous rencontrons sous la forme atténuée de la description, se dresse la communication pure. Il s'agit des éléments, plus ou moins nombreux selon les genres de textes, dans lesquels le destinateur, laissant de côté toute autre préoccupation, cherche à établir une entente avec le destinataire. Afin d'obtenir le consentement de celui-ci, afin de le persuader, il faut découvrir, explorer et déterminer tous les terrains sur lesquels une entente préalable est possible : on ne saurait persuader quelqu'un avec qui l'on se trouve en désaccord complet. L'établissement du contact, les stratégies complexes et prudentes d'exploration dépendent de la situation et ne disposent pas plus que la description de règles « poétiques » ou « textuelles » préalables.

Tout texte se compose d'un ou de deux éléments d'information et d'un ou de deux éléments de communication, selon le schéma suivant :

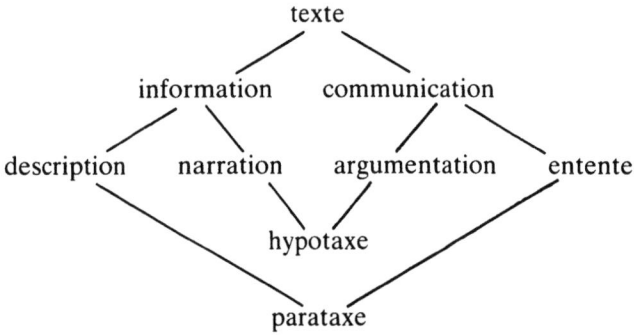

La description et l'entente sont deux éléments libres, de longueur inégale et dont les parties constitutives se suivent sans ordre et sans contrainte. C'est le domaine de la parataxe qui ignore la clôture. Pour qu'un texte soit perçu comme tel, le destinataire a besoin de conventions artificielles, c'est-à-dire extratextuelles, qui lui permettent d'organiser l'ensemble des phrases : la narration et l'argumentation ont une vertu hypotactique et confèrent par là une structuration aux textes. C'est pourquoi la grammaire du texte considère en général qu'il existe deux grands types de textes, les textes narratifs et les textes argumentatifs et que les autres types de textes sont soumis à ces deux-là [15].

Le sentiment de satisfaction que nous éprouvons après avoir mené à bien une tâche est analogue au sentiment de clôture que nous ressentons à la fin d'un texte : l'obstacle est surmonté, le problème est résolu. Un tel sentiment ne peut être créé que par l'hypotaxe : la parataxe garde toujours un élément irréductible, arbitraire, puisqu'elle est en principe infinie ; soit il n'y a pas d'obstacles, soit d'autres obstacles surgissent dont le nombre est inconnu. Au sentiment de satisfaction succède un sentiment d'incertitude.

Est-ce dire que tous les textes sont hypotactiques ? Ce serait une illusion de le croire. Certes, les grands débats politiques, le théâtre classique, le roman policier peuvent nous donner cette impression : tout est à sa place, tout fonctionne, tout concourt à la préparation de la crise, de l'affrontement central et du dénouement. Mais beaucoup d'autres textes, la majorité peut-être, relèvent d'une catégorie que j'appellerais *pseudo-hypotactiques*. Ce sont des textes essentiellement paratactiques que le destinateur entoure de certains procédés suggérant un début et une fin. Ces procédés sont en général très conventionnels : la véritable hypotaxe faisant défaut, le commencement aussi bien que le dénouement doivent être très fortement marqués.

Les textes pseudo-hypotactiques sont particulièrement courants dans le domaine de l'oralité. On rencontre des gens par hasard dans la rue : la salutation est une cérémonie absolument conventionnelle et artificielle, qui correspond donc exactement à ce hasard, pour marquer le début et la fin de la conversation. A l'intérieur de celle-ci, c'est en général la parataxe qui règne : on ne construit guère un débat avec partisan et adversaire, on s'informe plutôt de la santé, on parle du temps, on s'enquiert des progrès scolaires des enfants, etc. Et la conversation s'arrête de manière tout aussi imprévue, parce qu'il fait trop froid ou que le bus — que l'un des interlocuteurs attendait — arrive, etc. Voici un exemple, pris dans un manuel scolaire de français, d'une autre situation conventionnelle, telle que Goffman aimait à les étudier[16], et qui donne lieu à un texte paratactique du type suivant :

1. « Qu'est-ce qu'il vous faut, madame ? »
2. « Donnez-moi une livre de café et un kilo de sucre ».
3. « Voilà, madame ».
4. « Je voudrais aussi une livre de riz ».
5. « Je vous donne deux boîtes d'une demi-livre, n'est-ce pas ? »
6. « Si vous voulez. Est-ce que votre beurre est bien frais ? »
7. « Oh, oui ! madame, il est arrivé ce matin. J'ai des paquets d'une demi-livre, mais je peux vous couper un paquet en deux, si vous voulez ».
8. « Non, je prends un paquet entier. C'est combien ? »
9. « 2,10 F ».
10. « Oh ! il a encore augmenté ! »
11. « Ah, madame, tout augmente en ce moment ! »
12. « Je voudrais aussi du fromage ».
13. « Quel fromage voudriez-vous ? Camembert, brie, gruyère ? »
14. « Je ne sais pas ».
15. « Alors, prenez ce fromage de chèvre. Tous mes clients disent qu'il est délicieux. Nous en vendons beaucoup ».
16. « Bon, j'en prends un. Et je prendrai aussi des œufs ».
17. « Ceux-ci, à 22 centimes, sont très gros ».
18. « Oui ; donnez-m'en six ».
19. « C'est tout, madame, vous n'avez rien oublié ? Vous voulez une boîte de sardines, madame ? Ou une boîte de petits pois, de haricots verts ? »
20. « Non, pas aujourd'hui. Je crois que c'est tout. Non, attendez ! J'ai besoin encore d'une bouteille d'huile, mais j'ai oublié la bouteille vide à la maison ».
21. « Ça ne fait rien, madame, vous me l'apporterez demain. Vous ne voulez pas une tablette de chocolat pour les enfants ? »
22. « Non, merci, j'en ai encore ».

Cette conversation est uniquement structurée par le nombre d'articles que la dame veut, ou ne veut pas, acheter à l'épicier : café, sucre, riz, beurre, fromage, œufs etc. Pour certains articles, elle demande des renseignements supplémentaires, pour d'autres elle hésite, mais ceci n'entraîne pas la moindre discussion : les deux partenaires ne s'affrontent jamais — (sauf, et encore ! dans les phrases 10-11 et 20-21). Aussi le début et la fin sont-ils à peine marqués par la question de l'épicier (phrase 1) et la réponse négative de la dame (phrase 22), ils sont plutôt amenés par des actions « extratextuelles », l'entrée et la sortie de l'acheteuse. Ce texte est strictement paratactique, dans la mesure où son contenu peut être élargi ou abrégé à discrétion sans en détruire le sens, sans qu'il devienne incompréhensible. La présence ou l'absence des séquences transphrastiques — il y en a huit : 2-3, 4-6, 6-11, 12-16, 16-18, 18-20, 20-21, 21-22 — ne change aucunement le déroulement du texte, et dépend donc uniquement de facteurs pragmatiques, extratextuels. Du point de vue de la compréhension, les séquences sont susceptibles d'être supprimées, et elles sont amovibles : elles auraient pu être présentées dans un autre ordre.

La fréquence de textes paratactiques dans le domaine oral s'explique par le fait que l'oralité est souvent spontanée, c'est-à-dire proche des exigences de la réalité et de la vie quotidienne. Le texte écrit présuppose une intentionnalité. Et dès qu'il y a intentionnalité, le texte oral est, bien entendu, tout aussi hypotactique que la plupart des textes écrits. Voici un exemple emprunté à Van Dijk[17] :

A. Hello?
B. Hello Peter. This is Jack!
A. Oh Hallo Jack. How are you?
B. Fine. Listen Peter. Do you still have that old bike of Jenny's which she doesn't use any more?
A. Yes. Why?
B. Well, you know, our Laura has her birthday next week, and she needs a bike. And I thought if Jenny doesn't use hers any more, perhaps I could buy it and paint it and give it to Laura as a birthday present.
A. That's OK with me. Of course I must ask Jenny, but I'm sure she will be glad to help you. When do you want it?
B. That's terribly nice of you. Shall I drop in tomorrow? And you ask Jenny?
A. All right. See you tomorrow.
B. Bye then, and thanks.
A. Bye.

Dans son analyse, Van Dijk élimine les actes de langage permettant de marquer le début et la fin de la conversation téléphonique et d'identifier des interlocuteurs. Ce qui reste est une requête accordée, et ceci peut être étudié comme un texte argumentatif, à l'aide des procédés inventoriés par la rhétorique et la théorie de l'argumentation : nomination de la requête, formules de politesse, etc.

Si le texte écrit semble être à première vue, le domaine de l'hypotaxe, il arrive là aussi, en particulier dans des textes littéraires, que le destinateur se serve de la parataxe afin d'obtenir certains effets spécifiques. En littérature, la construction hiérarchique soutient la croyance à une autorité : la tragédie comme le roman policier aboutissent au rétablissement d'un équilibre. Par contre, la parataxe inquiète et perturbe : les intrigues sont pour ainsi dire « aplaties », il n'y a pas de vainqueur, donc pas de morale.

Le roman est le terrain privilégié de ces expériences contestataires. Si les actions humaines manquent de plan, manquent d'un point de vue et de contrôle central, elles deviennent remplaçables et amovibles. La grande architecture des romans hypotactiques comme *La Princesse de Clèves* ou *Madame Bovary* se trouve ainsi minée par des romans paratactiques tels que *le Diable boiteux* de Le Sage[18] ou *La vie mode d'emploi* de Georges Perec. La narration se trouve pour ainsi dire « désintriguée » dans ce dernier roman : les événements ne se construisent pas dans le temps, ce qui pourrait leur conférer du poids et une tension appelant une crise, mais se distribuent dans l'espace. La spatialisation crée une narration dénaturée et paratactique.

Il serait facile de citer d'autres exemples de ce jeu subtil de l'hypotaxe conservatrice et de la parataxe contestataire dans le roman moderne : que l'on songe aux intrigues inquiétantes de Raymond Roussel. Mais le roman fournit également, et depuis toujours, les exemples d'autres tentatives propres à déséquilibrer les rapports entre les quatre éléments textuels de notre schéma. Le roman hypotactique pur est une invention de XVIIe siècle qui ne se répand qu'au XIXe ; dans l'ensemble, les traditions romanesques européennes préfèrent des formes mixtes comme par exemple le roman grec des sophistes ou le roman de chevalerie, dans lesquels une rhétorique à la fois précise et diffuse — donc un élément argumentatif et hypotactique très fort — se trouve soumise à une narration tâtonnante qui frise — tout au long des naufrages et des interminables voyages à peine motivés — la parataxe[19]. Cette destruction des statuts conventionnels de chacun des quatre éléments textuels symbolise une déstabilisation sociale qui, à en croire Bakhtine, caractériserait les grandes époques romanesques.

LA COHERENCE

Le texte se compose en général d'unités linguistiques nombreuses qui sont réunies selon certains principes de cohérence. La cohérence est la notion de base de toute théorie du texte. Il faut distinguer deux types de cohérence, la cohérence linguistique et la cohérence culturelle[20].

La cohérence établit un lien entre deux ou plusieurs signes linguistiques, dont il facilite la compréhension. Elle est d'ordre linguistique, lorsque ce lien se crée paratactiquement, à la surface, et elle est d'ordre culturel, lorsque le lien réunissant les divers éléments possède une structuration hiérarchique.

Il ne faut pas confondre cohérence et redondance. Loin de resserrer les phrases qui se suivent, la répétition pure et simple nuit à la cohérence. La redondance, qu'elle soit *syntagmatique* — une fois que j'ai dit «Les maisons...» les signes du pluriel («sont») et du féminin («... grandes») sont en fait redondants — ou *pragmatique* — utilisée pour mieux se faire comprendre, pour attirer la sympathie — ne renforce pas l'unité du texte, au contraire. En revanche, la cohérence n'admet qu'une répétition partielle : dans «mon ami, lui», le pronom répète le sens mais non pas la forme, dans «le chien aboie», le verbe répète une partie seulement de la signification du substantif.

On n'établit pas de liens entre entités absolument hétérogènes : la cohérence mise sur le connu, l'unité du texte est garantie par ce qu'il nous offre comme familier. Quel est, dès lors, dans un texte, le statut de la nouveauté, de l'inconnu, de l'information qui compte véritablement? Tout texte oscille entre les deux extrêmes du message banal et du message incompréhensible. Au niveau de la prosodie et de la syntaxe, surtout dans le cas de l'oralité, on peut étudier les moments où l'information nouvelle s'intègre dans la chaîne verbale cohérente[21]; au niveau du sens, la nouveauté se cache, et se révèle — nous le verrons dans les chapitres suivants —, dans les interstices de la tradition (souvent, du reste, contradictoire).

La cohérence linguistique se produit simultanément à plusieurs niveaux. Elle existe mais elle ne fonctionne guère au niveau *prosodique*. L'alternance régulière des accents et des phonèmes est un phénomène si courant qu'elle ne dépasse d'ordinaire le seuil de sensibilité de notre perception que dans des cas exceptionnels, par exemple en poésie. Mais alors elle cesse de fonctionner comme un trait caractéristique du texte pour devenir un élément distinctif d'une classe de textes seulement. — Au niveau de la *phonologie*, la cohérence est assurée par certaines règles de la répétition des phonèmes et des accents. Ici, le trait le plus important est l'*intonation* qui permet dans beaucoup de langues de prédire si la phrase que l'on vient d'entendre sera suivie d'une autre ou non[22].

Pour la *syntaxe*, la majorité des éléments qui assument la cohérence d'un texte peut être désignée par l'expression «connecteurs diaphoriques » : plusieurs phrases se trouvent reliées entre elles à l'aide de pronoms qui, en soi, ne signifient rien et qui empruntent leur sens au mot auquel ils renvoient (anaphore) ou qu'ils annoncent (cataphore). L'article défini peut jouer un rôle analogue. La fréquence relative des anaphores et des cataphores dépend de la structure générale d'un système linguistique ; ainsi, la cataphore est beaucoup plus rare en français qu'en hongrois. Des règles supplémentaires précisent d'ailleurs pour chaque langue les possibilités et les contraintes de la pronominalisation diaphorique, puisque les pronoms — personnels, possessifs, démonstratifs — ont encore d'autres emplois : ainsi, parmi les pronoms personnels, seul celui de la troisième personne a une valeur diaphorique forte puisque les deux autres renvoient toujours, non pas à un autre endroit du texte mais à la situation communicationnelle, c'est-à-dire hors du texte.

La pronominalisation (et la définitivation) constituent sans doute les procédés les plus puissants pour réaliser la cohérence linguistique, précisément parce que la valeur sémantique de ces parties du discours est minime. En français, l'emploi des temps verbaux peut remplir une fonction analogue (ex. : « X. entra. Y. fais*ait* la vaisselle », l'imparfait a ici une vertu anaphorique), mais la cohérence est perçue comme moins forte puisque l'élément en question est intégré aux autres fonctions de l'imparfait, tandis que dans les deux autres cas cités, il dispose d'un mot entier (« *le* garçon » dont il a été question ; « tu *l'*as vue », etc.).

Certains auteurs [23] étudient dans ce même contexte des conjonctions telles que *et, mais, par conséquent, puis* etc. Toutefois, elles constituent un cas particulier. Ayant une signification précise, ces conjonctions n'ont pas besoin d'un autre mot pour acquérir pleinement un sens. Là où les pronoms et les articles définis établissent une cohérence transphrastique en reliant entre eux des *mots* qui figurent dans plusieurs phrases, les conjonctions relient des *phrases* entières : elles explicitent par exemple la cohérence suggérée par l'emploi d'un imparfait : « *lorsque* X entra, Y faisait la vaisselle ». La conjonction a ici une valeur cataphorique : le lecteur ne peut pas s'arrêter après « entra ». De même, le critère de l'anaphore, c'est que la phrase où elle se trouve ne peut pas être la première : « il le lui donna » ne commence jamais un texte [24].

Ce qu'on pourrait appeler la cohérence *sémantique* établit de nouveau des rapports, non pas entre des phrases entières mais entre mots figurant dans des phrases différentes. Pour donner l'impression que les phrases qui se suivent ont un lien entre elles, on n'a pas besoin de recourir à des pronoms ou à des articles définis : le sens d'un mot peut, entièrement ou partiellement, renvoyer à celui d'un autre mot qui figure dans une phrase antérieure. Dès lors, le destinataire croit se trouver sur un terrain familier et il poursuit l'écoute ou la lecture. De tels renvois sont moins voyants que les renvois diaphoriques : la cohérence sémantique est moins contraignante mais plus subtile que la cohérence syntaxique. Elle prend ici la forme de l'une des trois relations sémantiques fondamentales, la synonymie, l'hyponymie et l'autonymie, c'est-à-dire la répétition entière[25], la répétition partielle et la répétition niée. L'article «L'Habitation» du *Mémento Larousse*, édition 1949, commence par les phrases suivantes :

> L'habitation nous défend du froid et de l'humidité. En principe, elle doit être bien isolée du sol par les caves, et orientée de manière à recevoir abondamment du soleil et de l'air. En pratique, on prend le logement que l'on trouve et qui correspond à ses possibilités pécuniaires.

Les termes *habitation* et *logement* entretiennent une relation de synonymie, les expressions *en principe* et *en pratique* une relation d'antonymie. La seconde relation est plus forte que la première parce que l'antonymie postule toujours la présence des deux termes, tandis que, dans le cas de la synonymie, l'occurence du premier terme ne laisse aucunement prévoir l'arrivée du second.

Les relations d'hyponymie sont plus complexes; tantôt elles se confondent avec la synonymie, tantôt elles sont si subtiles et déguisées que bon nombre de destinataires n'y prêtent pas attention. Dans le texte cité, nous avons toutefois affaire à des exemples nets : la protection contre le froid peut être considérée comme une conséquence de l'isolation et la protection contre l'humidité comme une conséquence de l'entrée abondante de l'air et du soleil : l'isolation et le soleil impliquent l'absence de froid et d'humidité, ces termes renvoient les uns aux autres à la fois hyponymiquement et antonymiquement.

Ce type de cohérence a été parfois étudié sous le terme d'*isotopie*, en particulier par l'école de Greimas et le groupe de Liège[26]. Une isotopie se compose toujours d'une série de termes qui entretiennent entre eux une relation synonymique ou hyponymique et un texte serait alors l'ensemble d'une série parallèle d'isotopies (synonymiques et hyponymiques) qui s'opposent l'une à l'autre, qui entretiennent donc des relations antonymiques. Le collectif de Liège a précisé cette hypothèse à propos de la poésie lyrique; il postule un «modèle triadique» où l'opposition fondamentale sujet-objet («anthropos» et «kosmos»), qui se manifeste par deux isotopies antonymiques, serait médiatisée par la parole (l'isotopie du «logos»).

C'est cette troisième isotopie qui fait problème. Si nous considérons la parole come un acte de nomination, c'est la troisième isotopie (logos) qui crée la deuxième (kosmos), au lieu de médiatiser. Si en revanche nous considérons la parole comme un acte de communication, la valeur médiatrice de la troisième isotopie est donnée à l'avance, par les conventions culturelles qui existent entre le destinateur et le destinataire, et elle ne doit donc rien à la sémantique, elle se situe à un autre niveau. Il ne semble pas, nous y reviendrons encore, que la description exhaustive des isotopies qui fonctionnent à l'intérieur d'un texte puisse rendre compte de la cohérence de celui-ci.

Les deux catégories principales des traits en question — les traits sytaxiques et les traits sémantiques — ne se trouvent pas du reste réparties de manière égale sur un texte. La fréquence ou la rareté de l'une des deux catégories caractérise certains éléments textuels ou encore tel style particulier. Ainsi, la description privilégie en particulier la cohérence sémantique, au point que parfois la cohérence syntaxique fait entièrement défaut, comme dans le passage suivant du romancier allemand Robert Walser :

> 1. Es schneite in der Straße. 2. Da kamen die Droschken und Autos vorgefahren, setzten ihren Inhalt ab und fuhren wieder von dannen. 3. Die Damen staken alle in Pelzen. 4. An der Garderobe wimmelte es von Leuten. 5. In den Foyers gab es ein Grüßen, Anlächeln und gegenseitiges Händedrücken. 6. Die Kerzen schimmerten, die Roben rauschten, die Stiefelchen flüsterten und knarrten[27].

Ces six phrases ne contiennent qu'un seul trait de cohérence syntaxique, à condition qu'on veuille considérer comme un adverbe le mot «da» du début de la deuxième phrase et qui renvoie alors à la première; par contre si on le prend pour un adverbe de temps, il est un élément de la narration. La cohérence sémantique est en revanche extrêmement dense et de nature essentiellement hyponymique : les voitures «présupposent» la route, les vestiaires «présupposent» les manteaux de fourrure, etc. On constatera, en outre, que les implications ne sont pas présentées dans un ordre arbitraire; leur contiguïté dans l'espace (rue - vestiaire - foyer) suggère un itinéraire de l'extérieur vers l'intérieur et, par là, un déroulement narratif : les implications remplacent ici les verbes qui manquent.

Là où la cohérence syntaxique crée des liens aléatoires entre les mots au-delà des limites phrastiques — encore faudrait-il savoir quelles sont les diaphores privilégiées d'une langue ! —, la cohérence sémantique établit en principe un réseau de rapports plus ou moins étroits qui s'étend sur l'ensemble d'un texte : aucun sème n'y échappe, tout fait partie d'un réseau relationnel binaire. Binaire, puisque l'hyponymie n'est pas une catégorie autonome, mais plutôt une extension des deux autres : elle est répétition partielle du synonyme aussi bien que de l'antonyme.

Ce réseau binaire se trouve à la base de la sémantique textuelle. Il n'y a pas un troisième rapport possible, celui d'une neutre indifférence. Je peux parler par exemple d'un *tyran cruel* (hyponymie synonymique), d'un *tyran démocratique* (antonymie), mais dès que je parle d'un *tyran vert*, je fais éclater les liens syntaxiques apparents entre le substantif et son adjectif[28]. La question intrigante se pose de savoir si l'existence de tels éléments sémiques, irréductibles à la binarité sémantique, est compatible avec notre définition du texte. Même l'inconnu, le nouveau doit se présenter à l'intérieur d'un schéma familier. Au niveau des textes conventionnels, des infractions répétées de ce genre ne sont donc admissibles qu'en poésie, qui connaît d'autres contraintes spécifiques.

Quant à la binarité fondamentale, elle peut être saisie selon des perspectives différentes. Robert Martin, qui plaide pour un classement ternaire, parle de *paraphrase*, d'*interférence*, d'*antonymie*, Imre Békési de *causalité* et de *contradiction*[29]. Comment rapprocher ces perspectives ? La synonymie dans son évolution linéaire se transforme-t-elle nécessairement, non seulement dans des rapports d'implications, mais aussi dans des rapports de causalité ? Ces transformations ont-elles lieu à certains endroits stratégiques d'un texte, renouvelant les oppositions anciennes par un travail de dissimulation : ce qui semble trop connu, les sèmes aussi bien que leur relation, prend des formes nouvelles ? Y a-t-il alors, une stratégie sémantique, comme il y a une stratégie rhétorique et une stratégie narrative ?

Une telle stratégie, peu étudiée jusqu'ici (sauf peut-être dans d'obscures « explications de texte »), existe sans doute, mais sa connaissance ne saurait pas pour autant rendre compte de la cohérence textuelle. C'est que les traits de cohérence sémantique ne sont pas nécessairement des traits de cohérence transphrastique. Certaines enquêtes semblent démontrer[30] que le destinataire est capable d'établir à peu près les mêmes relations sémantiques indépendamment de la nature du texte (conventionnel ou « incompréhensible ») : la cohérence serait d'ordre lexical et non pas textuel. Elle s'établirait entre sèmes sans véritablement rattacher des phrases.

Ajoutons que la cohérence transphrastique ne garantit pas vraiment la cohérence textuelle. Les renvois d'une phrase à l'autre peuvent en effet se poursuivre infiniment, rien, sinon la mort des participants, n'empêche un texte uniquement basé sur la cohérence linguistique de continuer jusqu'à l'éternité. Ainsi il est facile de s'imaginer des séquences de phrases qui observent parfaitement la cohérence linguistique sans pour autant donner l'impression d'un texte. Voici l'exemple discuté par Michel Charolles[31].

> Les arbres procurent de l'ombre dans les jardins. Les jardins exigent de l'entretien. Pour cet entretien on peut faire appel à du personnel qualifié. Le personnel qualifié est employé par des entreprises spécialisées. Les entreprises spécialisées sont rares. Tout ce qui est rare est cher.

La cohérence linguistique ne peut faire autre chose que de signaler ce qui relie une phrase à ce qui la précède ou, plus rarement, à ce qui la suit, elle n'implique pas l'existence d'une structure correspondant à notre intuition d'avoir affaire à un texte. La présence des traits de cohérence linguistique est une condition nécessaire mais non pas suffisante de la cohérence textuelle proprement dite.

L'exemple que je viens de citer ne sera sans doute perçu par personne comme un texte. Mais on peut s'imaginer des chaînes infinies de phrases qui donnent une impression moins «absurde» dans la mesure où elles constituent une description inachevée. Dans ce sens, le texte infini existe; mais il est paratactique, il ne peut avoir lieu qu'au niveau de la description et de l'entente communicative, c'est-à-dire là où rien ne dérange la chronologie, où rien ne vient structurer la monotonie des phrases. Le véritable sentiment du texte est le sentiment de l'intervention artificielle, du découpage qui donne sens, qui crée un début et une fin. Le véritable sentiment de texte est hypotactique; il ne peut provenir que d'un principe d'organisation argumentative ou narrative.

NOTES

[1] Dans certaines langues, comme le hongrois, le verbe *être* peut être supprimé («Szép.» = «C'est beau»; «Ez egy fa» = «C'est un arbre»), sauf là où il se combine avec un complément de temps ou de lieu (ex. : «Itt van» = «C'est ici»).
[2] Cf. G. BROWN et G. YULE, *Discourse Analysis*, Cambridge University Press, 1983, p. 2.
[3] RÁCZ-SZATHMÁRI, *Tanulmányok a magyar myelv szövegtana köréböl*, Budapest, 1983, p. 164; Jan RENKEMA, *Tekst en uitleg*, Dordrecht Foris, 1987, p. 278.
[4] KÁLMÁN Béla, *Szövegtan és tipológia* (Budapest, Akadémiai, 1984); selon cet auteur, les proverbes et les épitaphes sont les seules phrases sémantiquement autonomes!
[5] Voir notamment le monumental état présent fourni par les quatre volumes du *Handbook of Discourse Analysis* publiés par T.A. van Dijk (Academic Press, Londres, 1985).
[6] L'idée même de formuler un tel idéal représente peut-être une déformation mythique. Grâce au contexte et aux moyens de communication non-verbale utilisés par le destinateur, la majorité des textes est d'ailleurs suffisamment complète.
[7] On trouvera une introduction simple et intelligente à ces problèmes dans le livre de Mark L. KNAPP, *Essentials of Nonverbal Communication* (Holt, Rinehart & Winston, New York, 1980). Pour la relation entre les parties d'un discours et les gestes qui l'accompagnent, cf. A. KENDON, «Gesticulation and Speech», in Mary R. KEY, *The Relationship of Verbal and Nonverbal Communication*, Mouton, The Hague, 1980, pp. 207-227. L'ensemble des moyens non-verbaux de la communication fut traité autrefois au quatrième et avant-dernier chapitre de la rhétorique classique, appelé *actio* ou *pronuntiatio* et étudié en particulier, non seulement par les orateurs, mais aussi par les peintres et les acteurs. Voir mon article «La Rhétorique des Passions et les Genres» in *Rhetorik 6 - Rhetorik und Psychologie* (Niemeyer, Tübingen, 1987), pp. 67-84.
[8] Selon certains spécialistes de la lisibilité, l'alphabet romain tel que les imprimeurs l'utilisent dans les diverses typographies des textes écrits comporte, lui aussi, de nombreux traits qui sont superflus du strict point de vue de l'identification et de la lisibilité des caractères et qui sont donc redondants. Cf. François RICHAUDEAU, *La lisibilité*, Paris, Denoël, 1969, pp. 40-42.
[9] Je me permets de renvoyer à mes études «Poésie et poétique» in *Neohelicon*, 1977, et «Les lieux du discours poétique», in *Nouvelle Revue Française*, 1988.
[10] Contrairement à l'opinion ici défendue, et qui est par exemple celle d'Ursula OOMEN («Systemtheorie der Texte» in *Folia Linguistica 5*, 1972), certains auteurs accordent un statut particulier aux textes expressifs. Ainsi, James L. Kinneavy distingue les quatre catégories du discours référentiel, du discours persuasif, du discours littéraire et du discours expressif (*A theory of discourse*, Prentice Hall, Englewood Cliffs, 1971). Selon Ann BANFIELD («Where epistemology, style and grammar meet», in *New Literary History*, 1977-1978, p. 448), certains textes, notamment les textes littéraires narratifs des temps modernes, ne cherchent pas à communiquer et devraient être considérés par conséquent comme une catégorie autonome.
[11] J'évite le terme *discours* que d'autres préfèrent à *texte* dans ce sens général, d'une part à cause de certaines connotations philosophiques qui, dans ce sens large, pourraient prêter à confusion, et d'autre part, pour lui réserver le sens plus restreint de discours oral préparé : sermon, plaidoyer, etc.
[12] Voir à ce propos les travaux très pertinents de Paul ZUMTHOR (*Introduction à la poésie orale*, Seuil, Paris, 1983; *La poésie et la voix dans la civilisation médiévale*, Essais et Conférences du Collège de France, Presses Universitaires de France, Paris, 1984).
[13] Cf. Wolfgang ISER, «Zur Phänomenologie der Dialogregel», in Karlheinz STIERLE et Rainer WARNING, éd., *Das Gespräch*, Munich, Fink, 1984, pp. 183-189.

[14] «La clôture d'une description ne dépend pas de la nature de l'objet à décrire, mais de l'étendue du stock lexical du descripteur» (Philippe HAMON, *Introduction à l'analyse du descriptif*, Hachette, Paris, 1981, p. 46).
[15] Cf. Karlheinz STIERLE, «Die Einheit des Textes», in Helmut BRACKERT et Eberhart LÄMMERT, éd., *Funk - Kolleg Literatur 1*, Francfort, Fischer, 1977, pp. 168-187. Au cours des années soixante et soixante-dix, il y a eu de nombreux débats cherchant à établir une classification détaillée des différents types de textes, notamment en Allemagne (voir p. ex. E. GÜLICH et W. RAIBLE, éd., *Textsorten, Differenzierungskriterien aus linguistischer Sicht*, Francfort, Athäneum, 1972); cf. aussi J. RENKEMA, *op. cit.*, à la note 3, pp. 292-294. Je reviendrai sur ce problème qui, en littérature, est celui des genres littéraires, au dernier chapitre de ce livre.
[16] Erving GOFFMAN, *La mise en scène de la vie quotidienne*, 2 vol., Paris, Minuit, 1973.
[17] Teun A. VAN DIJK, *Text and Context*, Londres, Longman, 1977, p. 238.
[18] En principe, tout roman picaresque constitue un texte pseudo-hypotactique.
[19] Exemples : *Les Ethiopiques, Tirant lo Blanc, Les Angoisses douloureuses* et, au XVIIIe siècle, *Les Egarements du Cœur et de l'Esprit*.
[20] Pour marquer la même différence, Stierle (art. cité à la note 15, p. 172) se sert des termes *Textverknüpfung* et *Textzusammenhang*, tandis que M.A.K. Halliday et R. Hasan, qui ont consacré la meilleure monographie à cette question (*Cohesion in English*, Londres, Longman, 1976) parlent de *cohesion* et de *coherence*. On consultera en outre : W. KALLMEYER *et al.*, éd., *Lektürekolleg zur Textlinguistik*, Francfort, Athäneum - Fischer, 1974, vol. 1, pp. 177-252; Heinrich F. PLETT, *Textwissenschaft und Textanalyse*, Heidelberg, Quelle und Meyer, 1975, pp. 52-119; *Langue Française 38*, mai 1978, numéro spécial «enseignement du récit et cohérence du texte»; Lita LUNDQUIST, *La cohérence textuelle*, Nyt Nordisk Forlag, Copenhague, 1980; BROWN-YULE, *op. cit.*, à la note 2, pp. 190-271.
[21] Cf. W. CHAFE, «Cognitive Constraints on information flow», in R.S. TOMLIN, *op. cit.* (note 23), pp. 21-52. Une très grande densité d'information (J.E. Grimes cite l'exemple «sighted sub sank same» de la Seconde guerre mondiale (*The Thread of Discourse*, The Hague, Mouton, 1975, p. 275) peut, même si elle est attendue et contextualisée, rendre la compréhension difficile.
[22] Cf. W. DRESSLER, *Einführung in die Textlinguistik*, Tübingen, Niemeyer, 1972, p. 79; HALLIDAY-HASAN, *op. cit.* (note 20), pp. 271-273.
[23] Halliday et Hasan cités par BROWN-YULE, *op. cit.*, p. 191. Le problème se pose de savoir à quel moment l'émetteur abandonne le renvoi anaphorique pronominal pour recourir de nouveau au substantif déjà connu ou à un synonyme de celui-ci. Le critère de la distance relative ne suffit pas en effet (cf. Barbara FOX, «Anaphora in popular written English narratives», in Russel S. TOMLIN, éd., *Coherence and grounding in discourse*, Benjamins, Amsterdam, 1987, pp. 158, 161). R.S. Tomlin propose la règle suivante : «(...) during the on-line task of the discourse production subjects will use a full noun to reinstate reference across an episode boundary, and they will use a pronoun to maintain reference within a particular episode» («Linguistic reflections on cognitive events», in *ibid.*, p. 457). Le problème est, bien entendu, de définir avec exactitude le terme «episode boundary», en particulier pour le domaine oral. Pour une discussion linguistique plus approfondie des problèmes de l'anaphore, cf. Peter A.M. SEUREN, *Discourse Semantics*, Oxford, Blackwell, 1985, pp. 346 et 376.
[24] Les deux exceptions possibles ne le sont qu'en apparence : 1) lorsqu'une conversation commence ainsi, une telle phrase renvoie, non pas à une phrase antérieure, mais à une situation antérieure connue par le destinataire ; 2) dans un texte littéraire, une telle phrase obéit au procédé de l'*ordo artificialis* (*in medias res*) et se trouve bientôt suivie par une longue explication ou description.

[25] Il ressort de ce qui précède que je n'entends pas par ce terme une répétition formelle complète, puisque celle-ci isole au lieu de relier.
[26] Cf. François RASTIER, «Systématique des isotopies», in A.-J. GREIMAS, éd., *Essai de sémiotique poétique*, Paris, Larousse, 1972; et surtout GROUPE MU, *Rhétorique de la poésie*, Bruxelles, Complexe, 1977.
[27] J'emprunte cet exemple à Karlheinz Stierle (art. cité, à la note 15, p. 172), qui donne un commentaire légèrement différent.
[28] Cf. mon *Les Constantes du Poème*, Paris, Picard, 1977, pp. 193-194. Bien entendu, l'exception est toujours possible : la faculté humaine d'inventer pour chaque expression ou phrase des contextes possibles est infinie, aussi bien que l'imagination poétique lorsqu'elle crée des métaphores.
[29] Robert MARTIN, *Interférence, antonymie, paraphrase*, Paris, Klincksieck, 1976; Imre BÉKÉSI, *A gondolkodás grammatikája*, Budapest, Tankönyvkiadó, 1986.
[30] H.J.A. VERDAASDONK, «Cluster Analysis as a Means for Establishing Textual Coherence», in *Poetics*, 1981.
[31] «Données empiriques et modalisation en grammaire du texte», in *Travaux du Centre de Recherches Sémiologiques 34*, Neuchâtel, 1979, p. 91. Une telle juxtaposition de phrases est le symptôme d'une maladie mentale. On pourrait sans doute établir des analogies entre ce procédé de relier des phrases et celui utilisé par Raymond Roussel, dans ses pièces de théâtre, pour relier des épisodes.

II. Le discours

L'IMPOSSIBLE MONOLOGUE

Le silence est sans doute une forme de sagesse. Le rompre, c'est, en un certain sens, sortir d'une essence indivise, c'est faire un effort pour s'inscrire dans un devenir social, dans une action symbolique qui me projette vers autrui et aura un effet sur autrui. *Rompre* le silence, c'est *prendre* la parole. L'action et les événements commencent.

Prendre la parole, c'est s'attribuer quelque chose qui ne nous appartient pas entièrement et qui existe en dehors de nous. Celui qui parle ne se suffit plus puisqu'il a recours à un outil qu'il partage avec d'autres. Dès lors, il s'agit de ne plus séparer le monde intérieur et le monde extérieur[1] : l'intérieur se forme sur l'extérieur, le privé suit le public, le premier mot de l'enfant imite les sons retenus dans le monde des adultes. L'argument le plus fort en faveur de notre thèse radicale — tout acte langagier implique une volonté de communication — semble bien être cette observation psychologique avancée par Vigotsky : l'activité linguistique première du bébé est une activité mimétique et publique — et qui privilégie sans doute l'éthos ; la création d'un monde privé, d'un langage privé est seconde, elle constitue une activité dérivée et postérieure[2].

Toute communication repose sur un ensemble de règles. La théorie dite de la communication a pour objet l'étude technique de ces règles

— le livre déjà classique de Cherry en fournit un bon exemple. Mais on a eu raison de reprocher à cette discipline son formalisme techniciste[3] ; nous n'en retiendrons ici que les éléments qui concernent de près la production, humaine et non-mécanique, du texte. La communication suppose une intention dont les modalités peuvent être saisies, de manière quelque peu schématique, au niveau des trois appels de la rhétorique traditionnelle. Transmettre un savoir, enseigner, c'est une intention braquée sur le *logos*. Susciter des émotions, c'est faire appel au *pathos*. Parler pour se faire aimer, c'est privilégier l'*ethos*. L'intention n'est donc pas nécessairement une volonté consciente de persuasion : la conversation la plus brève, la plaisanterie la plus plate cache, au moins de la part de celui qui a été le premier à rompre le silence, une intentionnalité complexe. Gagner la sympathie de quelqu'un, confirmer une entente réciproque sont des buts communicatifs sans doute beaucoup plus souvent visés que les buts proprement persuasifs, c'est-à-dire ceux qui cherchent à manipuler les comportements. Cependant, c'est la persuasion et non pas la confirmation qui constitue l'objet principal de la plupart des études sur l'invention rhétorique.

L'acte de la communication ne peut pas être défini comme tel sans que, simultanément, ne soit postulé l'Autre, le partenaire auquel la communication s'adresse. L'intention a un objet, il s'agit de le connaître avant la moindre tentative de le modifier. Le discours est précédé par des réflexions d'ordre psychologique. Le caractère et le comportement du partenaire que le destinateur engage par et dans l'acte de communication doivent être étudiés au préalable, afin qu'ils deviennent prévisibles. Ce sont, pour ainsi dire, les prémisses psychologiques de la réussite d'un acte de communication.

Il faut connaître le partenaire. Il faut savoir à quel groupe social il appartient, il faut tenir compte de la situation affective dans laquelle il se trouve. Aristote insiste, dans sa *Rhétorique*, sur l'importance d'adapter le discours aux différences d'âge, de sexe et de condition, aussi bien qu'à l'état d'âme du destinataire : est-il joyeux ou triste, content ou fâché. En outre, il convient de réfléchir sur ce qu'on pourrait appeler la psychologie de la persuasivité. Al-Fárábi, l'un des plus intéressants commentateurs d'Aristote, énumère les conditions dans lesquelles l'«opposant» est susceptible de maintenir son point de vue et celles dans lesquelles il les abandonnera[4]. Ainsi, il existe non seulement une psychologie de l'*ethos* et du *pathos* — ce qui est l'évidence même —, mais aussi une psychologie du *logos* : c'est elle qui constitue le point de départ de la théorie moderne de l'argumentation et des recherches sur la manipulation par les media[5].

Conscients, voire même très élaborés dans certains cas, ces préparatifs psychologiques peuvent rester, dans d'autres cas, purement intuitifs : un orateur politique qui prépare une interview télévisée s'y prend sans doute autrement que quelqu'un qui, pendant un dîner amical, éprouve l'envie de raconter une histoire drôle. Toutefois, ces préparatifs ne sont pas gratuits et innocents : ils laissent des traces dans le discours. C'est en fonction de sa préparation psychologique que le destinateur choisit ce qu'il va mettre en lumière ou supprimer : le discours n'est donc pas simplement l'expression de ce que le destinateur a l'intention de communiquer, le texte correspond toujours à une double perspective (et peut-être même à des perspectives multiples).

Paradoxalement, la recherche a presque toujours privilégié les textes monologiques : le dialogue (et en particulier sa forme spontanée, la conversation), ne constitue que depuis deux décennies un objet d'études, notamment de la part de la sociolinguistique. En réalité, on savait depuis toujours que la distinction entre dialogue et monologue était artificielle et si, au XVIIe siècle par exemple, on se plaignait de l'absence d'une rhétorique dialogique, on n'en savait pas moins appliquer parfaitement les règles de la rhétorique à la conversation[6].

Qu'est-ce qu'un texte monologique ? Une définition formelle est sans doute possible : c'est un ensemble de phrases, hypotactiquement structuré et émanant d'un seul destinateur. En revanche, dans le dialogue, les rôles de destinateur et de destinataire alternent. Or, dans la mesure où le texte monologique constitue un acte de communication, il devient implicitement dialogique ; le destinataire y est à son aise, il y retrouve ses pensées et ses sentiments ; le destinateur, s'il est subtil, s'efface complètement. Le texte se détache, atteint son « lieu de destination » et le destinateur peut se faire oublier.

Dans notre perspective, *monologue* est un terme dénué de sens, puisque tout texte connaît plusieurs instances de la parole, seuls leur degré et leur mode de manifestation varient. Prenons les exemples concrets du monologue dramatique et du journal intime : le premier est sans doute un artifice puisqu'il s'adresse en réalité au public ; mais une fois que nous acceptons cet artifice, nous pouvons considérer que c'est une catégorie textuelle dans laquelle destinateur et destinataire sont constitués par une seule et même personne. Celui qui parle s'adresse à lui-même, il cherche à se projeter, par l'écriture, comme sur un écran, à se constituer comme autre. Non pas encore à se transformer ; à l'origine, il est double, c'est la raison d'être du monologue, qui utilise tous les moyens psychiques et rhétoriques de l'(auto)persuasion. A la fin, lorsqu'il a réussi à se persuader, de deux, il redevient une seule et même personne : l'opposition, à l'intérieur d'une personne, entre destinateur et destinataire a disparu. Des considérations analogues pourraient être élaborées au sujet du journal intime, afin de démontrer, là encore, le caractère fondamentalement dialogique du genre.

Que tout texte soit, en fin de compte, un carrefour de textes, de par les traditions culturelles et pluriformes de l'intertextualité, nous le savons depuis Bakhtine. Mais la dialogicité généralisée des textes que nous postulons ici, trouve sa formulation la plus radicale dans la problématologie de Michel Meyer. Pour celui-ci, toute phrase — déclarative et assertorique, donc absolument monologique — est en effet une réponse refoulée : « La réponse devient indépendante, et *refoule* le rapport à la question dont elle est issue »[7]. Le texte naît toujours d'un questionnement mais, les questions oubliées ou oblitérées, demeure le texte où les traces de ce questionnement ont été la plupart du temps soigneusement effacées. C'est ce qui crée l'illusion du texte monologique, émanant d'un seul auteur bien « unifié ». En réalité, le texte est le résultat d'une stratégie d'unification qu'on pourrait qualifier d'idéologie et qui est appelée à déguiser le dynamisme inquiétant et incessant des questions-réponses. Il s'agit d'un procédé artificiel de stabilisation.

La rhétorique traditionnelle a accepté le jeu et donne à première vue l'impression de considérer que tout texte est à sens unique : elle donne des conseils à l'orateur, elle l'aide à construire son discours. Il faut connaître, nous l'avons vu, le destinataire, mais les conseils ne s'adressent qu'au destinateur. Pourtant, ce n'est que l'apparence : comme dans le texte miné par le questionnement, tel que Michel Meyer le définit, l'autre est partout présent dans la rhétorique. Et ce qu'André Marcel d'Ans, et, à sa suite, Lyotard disent au sujet du récit, doit être en fait étendu aussi au domaine du discours : pour qu'un texte fonctionne, il faut que les trois « postes » locutoires (destinateur, destinataire, sujet du texte) se situent dans un espace qui permet au destinataire d'occuper virtuellement (par l'imaginaire ?) les deux autres postes[8]. Autrement dit, l'efficacité de la communication dépend, pour l'orateur comme pour le narrateur, de la création préalable d'un espace commun, c'est-à-dire d'un terrain d'entente.

LA RHETORIQUE

La rhétorique envahit tout et suscite la méfiance. On ne sait quel lieu lui désigner dans l'ensemble des manifestations culturelles d'une société. Est-elle un ornement contrôlable et susceptible d'être ajouté ou supprimé à discrétion? ou est-elle lourdement omniprésente, rongeant et minant le moindre geste pur, et la moindre parole authentique?

Le statut scientifique de la rhétorique pose des problèmes [9]. Comme la psychanalyse, elle est «dans la nature des choses» : on ne peut l'exclure, elle explique tout. Pour qu'un ensemble de règles puisse se constituer comme science, il doit y avoir un point de vue «supérieur», un métalangage permettant de désigner les limites de validité d'un tel ensemble. Or, un tel point de vue n'existe pas pour la rhétorique, elle ne connaît pas de limites : tout ce que la parole humaine peut exprimer et communiquer, lui est soumis. Elle est par conséquent amorphe.

On rencontre des difficultés analogues du côté de la philosophie spéculative. Le philosophe, qui cherche la vérité, se méfie de la rhétorique dont la portée morale est incertaine : les sophistes ne sont pas les seuls pour dire que l'activité rhétorique présuppose l'équivalence de deux opinions contraires à propos de chaque cause. Ce qui complique cependant le problème, c'est que cette méfiance d'ordre éthique, si justifiée qu'elle soit, ne peut jamais aboutir à un refus total, puisque la rhétorique est inhérente à la réflexion philosophique même; la vérité, pour se manifester, ne peut pas se passer de procédés rhétoriques. Là réside la signification profonde de la réflexion millénaire que la philosophie poursuit, depuis Platon, à ce sujet, dans ce double travail : départager la philosophie et la rhétorique et faire la part de la rhétorique dans la philosophie [10].

En outre, s'il est vrai qu'une grande partie du travail du destinateur consiste à scruter et à établir les possibles terrains d'entente, on comprend qu'une philosophie qui se veut résolument moderne s'oppose, elle aussi, à la rhétorique. Ce fut le cas du cartésianisme. Quel est l'intérêt d'une activité culturelle qui mise sur les valeurs admises, sur les lieux communs, face au doute méthodique qui doit balayer tout savoir incertain, tout ce qui n'est pas évidence et certitude? Descartes se méfie de la rhétorique : elle apparaît à ses yeux comme un enseignement inutile qui charge la mémoire d'une foule d'idées reçues, d'un savoir traditionnel discutable qu'il s'agit, précisément, de déconstruire [11]!

A côté de ces objections anciennes, d'autres ont été formulées par la suite. La rhétorique était autrefois un enseignement destiné au futur orateur, elle se situait du côté de la production des textes ; ce qui nous intéresse aujourd'hui, c'est leur réception. La critique philosophique aussi bien que la critique littéraire élabore des méthodes pour l'interprétation ; les commentaires prolifèrent, nous vivons, comme au Moyen Age, dans une forêt intertextuelle de commentaires incessants qui se surajoutent : le commentaire sur le commentaire[12]. Bref, l'herméneutique prend la relève de la rhétorique : le déclin de la rhétorique comme institution culturelle et comme matière d'enseignement va de pair, dès le XIXe siècle, avec l'essor de l'herméneutique. Celle-ci naît, ou renaît, des cendres de la rhétorique[13].

Certes, on pouvait parler au siècle dernier d'un déclin, non pas de la rhétorique — que l'on songe au *pathos* d'un Hugo ou d'un Zola ! —, mais de sa réputation et, par la suite, de son statut institutionnalisé dans l'enseignement. Il serait erroné cependant de limiter son champ au poste locutoire du destinateur, la rhétorique ne concerne pas, nous l'avons vu, que la seule production du texte. Elle est foncièrement dialogique et la critique littéraire l'a en fait depuis toujours «renversée» : c'est à partir du poste du destinataire (qui est en ce cas celui du critique) qu'elle cherche à découvrir, grâce à la connaissance des procédés rhétoriques utilisés par le destinateur, les intentions profondes de celui-ci et de son texte. Dans ces conditions, la répartition, au niveau de la théorie, des domaines respectifs de la rhétorique et de l'herméneutique s'avère difficile ; elle sera plutôt le fait d'un *consensus* pratique[14].

Dans la discussion évoquée ici, rhétorique et herméneutique se trouvent situées dans un contexte culturel européen profondément marqué par une tradition qui ne distingue guère strictement rhétorique et poétique, éloquence et littérature. Dès le moment où l'idéologie romantique exige la séparation — la rhétorique creuse d'une collectivité suspecte ne saurait exprimer les sentiments authentiques de l'individu —, un double mouvement s'esquisse : d'une part, celui d'une rhétorique renversée ou herméneutisée, aboutissant à des explications de texte consacrées aux chefs-d'œuvre de la littérature nationale, d'autre part une rhétorique plus fidèle à ses origines non-littéraires, pré-aristotéliciennes, et qui s'intéresse aux formes publiques de l'art de la persuasion dans les sociétés modernes. Ainsi la tradition rhétorique ne semble pas avoir connu ce déclin et cette rupture aux Etats-Unis, où de nombreuses universités possèdent des départements de rhétorique et où les textes publicitaires et les discours politiques font l'objet d'étude... des futurs enseignants aussi bien que des futurs orateurs! Ici, la réception précède donc la production, l'orateur, l'écrivain et leurs interprètes se trouvent dans la même classe[15]!

À l'origine de la vaste réhabilitation des études rhétoriques, qui est en cours en Europe depuis le milieu de notre siècle, nous pouvons désigner trois moments que nous appellerons, un peu schématiquement, le formalisme, le conservatisme et l'existentialisme.

Le formalisme, né en Russie et poursuivi en France sous le nom de structuralisme, entend abandonner les études biographiques et historiques en littérature pour retourner à l'analyse des textes. Pour ce faire, il s'inspire largement de la linguistique et privilégie en particulier l'étude des figures de style. Pour les structuralistes, rhétorique se confond presque entièrement avec stylistique, ils ne s'intéressent qu'à cette «rhétorique restreinte» constituée par l'*elocutio*, la troisième phase de l'activité rhétorique traditionnelle[16]. Le formalisme redécouvre et réhabilite, non pas la rhétorique dialogique de l'argumentation[17], mais seulement les taxinomies inhérentes au système, les tentatives de classer les innombrables figures et procédés[18]. La relation entre les procédés, par exemple les traits pertinents qui permettent à la fois de comparer et d'opposer métaphore et métonymie, constitue l'objet principal de ces études, beaucoup plus que leur fonctionnement par rapport à l'ensemble d'un texte — comme on dirait en sémiotique : ce n'est ni la sémantique ni la pragmatique mais la syntaxe des figures que le structuralisme privilégie.

Le deuxième moment important, celui que j'appellais le moment du conservatisme culturel, est symbolisé par la parution, en 1948, du célèbre livre d'Ernst Robert Curtius, *Littérature européenne et Moyen Age latin*. L'auteur a écrit cette œuvre impressionnante pour démontrer la tenace longévité des traditions culturelles précises, allant d'idées générales à des lieux communs et à des objets symboliques concrets, à l'intérieur de la civilisation occidentale : il s'agissait de défendre l'humanisme contre les barbares, de dresser un rempart contre l'anti-intellectualisme des divers fascismes. Parler de continuité et de tradition, c'est insister sur ce qui relie les esprits, c'est expliciter les terrains d'entente dans le domaine de la culture[19]. Ainsi, Curtius aura surtout contribué à ce large mouvement de la réhabilitation de la rhétorique par la discussion que son œuvre a suscitée au sujet des *lieux communs*.

Le troisième moment qu'il convient de mentionner se rattache en particulier à l'activité de Chaïm Perelman. Celui-ci reproche à Descartes d'avoir singulièrement rétréci le champ de la réflexion philosophique en n'admettant comme son objet légitime que ce qui peut aboutir à une connaissance certaine. Ce faisant, Descartes a sans aucun doute considérablement stimulé l'essor scientifique des siècles modernes, mais il a relégué du même coup hors de la philosophie le vaste champ des problèmes pratiques que l'homme rencontre chaque jour et qui demandent des décisions dans une zone où la certitude scientifique manque. La pensée doit reconquérir l'immense champ de la vie active et elle le fera en réactivant les leçons de la rhétorique, notamment les modalités de l'argumentation[20].

Ainsi, des auteurs cités, c'est sans doute Perelman qui a contribué le plus directement à une réhabilitation de la rhétorique argumentative, c'est-à-dire d'une rhétorique qui permet d'analyser les textes argumentatifs. Mais il est en même temps l'un des auteurs les plus souvent cités dans les écrits des théoriciens de l'argumentation. En marge de l'essor moderne de la logique et des tentatives de réhabiliter la rhétorique, une discipline nouvelle s'est en effet constituée depuis quelques décennies, la *théorie de l'argumentation*. Cette théorie, telle qu'elle se développe dans de nombreux départements universitaires de linguistique et de philosophie, étudie la qualité et la structure des arguments utilisés dans la vie pratique[21]. Ce qui la rapproche de la rhétorique, c'est que l'une et l'autre insistent sur le caractère non exclusivement logique de l'argumentation discursive : le discours fait appel à la rationnalité et au bon sens naturel qui peuvent contredire la logique. Ce qui, en revanche, semble bien distinguer ces deux disciplines, c'est que la théorie de l'argumentation néglige en général les aspects psychologiques des mécanismes de la communication et cherche à élaborer un système normatif plutôt que simplement descriptif : elle se veut un instrument d'analyse critique permettant de découvrir les présupposés tacites et de dénoncer les raisonnements non-valides[22]. Il semble toutefois que, sous l'influence de la sociolinguistique et de «l'analyse du discours» de type américain, le caractère normatif de la théorie de l'argumentation s'estompe peu à peu.

En regardant la table des matières des manuels de rhétorique, on constate de très curieuses anomalies : les cinq parties de la rhétorique se trouvent traitées de manière très inégale. Il n'y a que l'*inventio* et l'*elocutio* à recevoir une attention considérable (surtout la seconde), la *memoria* et l'*actio* sont pour ainsi dire «liquidées» en quelques pages, souvent superficielles et imprécises, tandis que la *dispositio* tient, quantitativement, le milieu entre les parties privilégiées et les parties négligées.

Cette disproportion s'explique si l'on se rend compte que la rhétorique n'est pas une théorie mais un art et une technique qui s'apprennent ; certains aspects, certaines parties de cet enseignement se laissent moins bien et moins explicitement verbaliser que d'autres. Il semble plus facile de définir une figure de style qu'un geste. L'art de bien dire se rétrécit ainsi, dans les manuels, à un art de préparer un texte écrit persuasif ; la *memoria* et l'*actio* interviennent ultérieurement, c'est-à-dire au moment où le texte écrit est déjà achevé.

D'autres considérations plus spécifiques pourraient encore être alléguées. A une époque où la plupart des orateurs se trouvent dans des situations qui leur permettent de se servir, pendant leurs discours, de notes, de brouillons, de textes *écrits*, le rôle de la *memoria* sera nécessairement limité. De même, l'*actio* perd de son importance dans une civilisation de plus en plus dominée par l'écrit ; la voix (débit, intonation), les gestes et l'expression adéquate du visage ne relèvent pas directement du texte, ils s'y ajoutent. Et il est significatif qu'à l'époque classique, l'*actio* intéresse surtout les peintres — puisqu'un tableau ne peut exprimer des émotions que par les gestes et le visage des personnages représentés — et les acteurs — qui aimeraient disposer d'un système sémiotique clair et efficace pour faire reconnaître les émotions au public et ainsi les lui faire ressentir[23].

Le nombre limité de pages que les manuels consacrent à la *dispositio*, s'explique sans doute par le caractère très particulier de celle-ci. Les autres parties de la rhétorique sont beaucoup plus étroitement reliées les unes aux autres : telle preuve fournie par l'*inventio* se trouve appuyée par une figure (*elocutio*) et par un geste (*actio*) appropriés. Chercher les arguments, les étoffer ensuite par des moyens stylistiques, sonores et corporels, voici une série d'activités consécutives et cohérentes et qui visent toutes directement la persuasion. En revanche, la *dispositio* qui, dans les manuels, vient interrompre cette série d'activités puisqu'elle se situe après l'*inventio*, contribue au même objectif d'une manière autre et indirecte. On constate en effet, dès Aristote, un certain malaise[24] ; après avoir brièvement évoqué, dans un ouvrage récent, l'historique de ce problème, Michael Cahn conclut que la *dispositio* n'est pas une rubrique ou une phase de l'activité rhétorique mais plutôt la condition préliminaire d'une telle activité[25].

La pratique rhétorique telle qu'elle peut être explicitement enseignée et apprise au niveau verbal, concerne donc en premier lieu l'*inventio* et l'*elocutio*. Plus exactement encore, on pourrait dire que l'orateur ou l'écrivain se concentre en particulier sur trois points : d'abord il recueille les *lieux* appropriés, puis il étudie les moyens de susciter les *passions* — ces deux activités relèvent de l'*inventio* — et enfin il choisit les procédés stylistiques, c'est-à-dire les *figures* qui conviennent aux lieux et aux passions sélectionnés (cette activité se base sur le chapitre *elocutio*).

Les manuels distinguent donc ce qu'ils appellent les cinq parties de la rhétorique, mais la pratique montre des préoccupations qui ne correspondent guère à une telle division. Ce qui compte, ce qu'on étudie et ce qu'on présente plus ou moins bien ce sont les lieux, les passions et les figures [26]. Etablir l'entente au niveau des lieux, agir sur les émotions grâce au choix approprié et à la beauté des figures, voici le travail principal du rhétoricien. Mon but étant l'étude des deux grandes catégories des textes écrits argumentatif et narratif, je me limite par la suite principalement à l'examen des lieux, étant convaincu, avec Perelman, que «pour persuader (...) il faut s'adapter à son auditoire, c'est la condition première de tout effort d'argumentation» [27].

LES LIEUX

Contrairement à Aristote, les manuels modernes de rhétorique négligent souvent l'étude des lieux, et ceci, non seulement à cause de leur orientation littéraire — les lieux font partie de l'*inventio* et non pas de l'*elocutio* —, mais aussi parce que, disent-ils, les lieux concernant des vérités très générales, il est superflu d'en faire une matière d'enseignement [28]. Je dirais plutôt que c'est tout simplement impossible. Si l'on en croit Melanchthon, il n'y a rien qui ne puisse faire partie d'un lieu (*quibus locis tota res inludi debeat*) [29] : ce n'est donc pas tellement leur attristante banalité mais bien plutôt leur infinité vertigineuse qui les rend impraticables. Et l'on comprend Bochensky, cité par de Pater, l'un des meilleurs connaisseurs de la topique aristotélicienne : «jusqu'ici personne n'a réussi à dire d'une façon claire et brève ce qu'est un *lieu* [30]». Etant donné, cependant, que ce que j'appellerai par la suite *l'analyse topique* d'un discours, est une condition préalable et indispensable à toute analyse argumentative et/ou stylistique, je tenterai d'ébaucher, dans les pages qui suivent, un classement des différents types de lieux ; même si une définition exacte s'avère malaisée, une prise de conscience globale des procédés topiques est utile et permet d'aborder l'analyse rhétorique.

Si l'on admet l'idée que le nombre des lieux est infini, il s'ensuit qu'un recensement complet des lieux est impossible et que, par conséquent, l'analyse rhétorique d'un texte reste nécessairement globale et incomplète. Non seulement parce que même le lecteur le plus subtil n'aura pu discerner rigoureusement tous les lieux sur lesquels reposent les procédés persuasifs, mais aussi parce que derrière les arguments visibles d'autres se cachent — les uns s'emboîtant dans les autres, comme les poupées russes —, il existe une régression à l'infini des procédés persuasifs. Miriam Joseph cite, dans son célèbre ouvrage, l'exemple de Polyphème au troisième chant de l'*Enéide* (les vers 655-665) : Virgile décrit la manière dont le géant aveuglé marche pour se rendre de sa grotte à la mer et note qu'un sapin lui sert de bâton. Cette remarque est, aux yeux d'Henry Peacham, un rhétoricien anglais de la fin du XVIe siècle, un argument allusif («syllogismus», «intimation») destiné à prouver la stature gigantesque et effrayante du personnage, argument caché dont il est facile de tirer un syllogisme complet :

Quiconque marche avec un sapin à la main est un géant
Or, Polyphème marche avec un sapin à la main
Donc Polyphème est un géant[31].

Il faut se résigner : une analyse rhétorique est nécessairement incomplète. Ajoutons toutefois qu'elle est incomplète sur le plan théorique, et du point de vue du lecteur «archi-subtil». D'un point de vue empirique, l'analyse rhétorique pourrait s'arrêter au niveau où des enquêtes statistiques auraient établi le seuil de l'efficacité. De telles enquêtes existent depuis longtemps — que l'on songe aux travaux de C.I. Hovland et de ses collaborateurs à Yale —, la question est seulement de savoir si les enquêtes réussissent à mesurer tout ce qui contribue au succès d'un discours et non seulement ce dont les destinataires sont conscients, ce qu'ils admettent ouvertement.

Le lieu est un terrain d'entente — s'il est vrai que pour persuader, il faut, comme le dit Perelman, «s'adapter à son auditoire» — mais ce moment d'accord doit fonctionner comme argument. Autrement dit, une vérité générale, une banalité, ne devient lieu commun que dans le cadre d'une argumentation. Le lieu est donc *un terrain d'entente stratégiquement choisi*.

Je vois globalement, pour l'ensemble des discours, quatre (ou six) terrains d'entente. Je les range dans un ordre qui va de l'implicite à l'explicite et de l'abstrait au concret, selon un degré croissant de perceptibilité.

La première classe, assez restreinte mais très générale, est celle des *lieux implicites*[32]. Le destinateur suppose que tout être humain connaît instinctivement des *préférences* et ces préférences peuvent être ordonnées grâce aux trois couples de concepts *le plus/le moins, le réel/le non-réel, le possible/l'impossible*. Dans de nombreux cas, le destinateur peut miser sur l'entente qu'on obtient en supposant que les préférables se trouve du côté du *plus*, du *réel* et du *possible*; les hommes préfèrent la richesse à la pauvreté, la grandeur à la médiocrité, et ce qui leur est familier à ce qu'ils ignorent. Mais il arrive que le fictif soit préféré à la réalité ou que la rareté fasse le prix d'une chose : dans ces cas, ces paires de concepts se présentent dans un sens opposé, le *plus* est déconsidéré par rapport au *moins*, le *réel* par rapport à l'imaginaire. Pour découvrir le but du destinateur et son message, il convient d'étudier et de chercher à expliciter le système des préférences implicites d'un texte.

La deuxième classe est constituée par les *lieux formels*, c'est-à-dire les cadres généraux de la pensée. L'entente est garantie ici par nos habitudes mentales : nous ne refusons pas de réfléchir sur ce qui nous est présenté dans les cadres que nous connaissons. Les lieux formels transcendent la syntaxe : ils présentent les formes possibles de la sémantisation du discours : le sens naît grâce à la contrainte formelle de la définition, de la comparaison, etc. Le nombre des lieux formels varie selon les manuels, mais on pourrait, me semble-t-il, les réduire à six : la *définition* et sa forme lâche, la *division* (énumération) sont des lieux descriptifs et amplificatoires cherchant à essentialiser une chose (objet, phénomène, événement), la *cause* et l'*effet* sont des lieux qui visent à l'insertion des choses dans une continuité discursive, enfin la *comparaison* et le *contraire* ordonnent les choses selon une disposition «spatiale». Il s'agit là en même temps de trois prises de positions différentes par rapport au temps : atemporalité, linéarité, et simultanéité.

La troisième classe de lieux, celle des *lieux communs explicites* concerne l'entente au sujet de certaines normes. On peut présenter ces normes de deux manières : de manière directe, comme des *sentences* ou des *maximes*, ou de manière imagée, grâce à des *exemples* et des *autorités*. Tout texte ayant un but persuasif net aura recours à ces lieux explicites. Ainsi, dans la littérature classique, on trouve régulièrement des sentences comme :

Chaque instant de la vie est un pas vers la mort (CORNEILLE, *Tite et Bérénice*, V,1).

En outre, le destinateur doit savoir exactement le type d'autorité qu'il pourra proposer avec succès à son public : un homme d'Etat, un savant, une vedette de cinéma, etc. Ces autorités pourront être invoquées directement — parfois grâce à une comparaison — ou encore présentées dans le cadre narratif de l'*exemple*. L'exemple est en fait un lieu de la comparaison, mais élaboré et narrativisé.

La quatrième classe se compose des *lieux configurationnels*. L'entente ne porte pas seulement sur de petites unités, des unités qui dans un texte ne relient en général — comme dans le cas de la *cause* ou de l'*exemple* — que deux choses, mais aussi sur des unités complexes qui embrassent un fragment important d'un texte ou qui forment même la structure pragmatique d'un texte entier. Ici encore, il convient d'apporter une subdivision : certaines configurations concernent la nature extérieure, d'autres le comportement humain. Un public sensible à la nature comme chef-d'œuvre de la création divine ou comme source d'un désir métaphysique, le public baroque et le public romantique donc, acceptera les descriptions de paysages dans un texte comme des lieux qui les confirment dans leur opinion[33]. Un même raisonnement vaut pour d'autres publics lisant les descriptions de Paris chez Zola ou Aragon. — Quant aux configurations de comportement, elles constituent sans doute les lieux les plus complexes. Mais il est certain qu'il existe de nombreuses situations humaines qui, à cause de normes morales partagées, suscitent les mêmes réactions chez le public. Il ne suffit pas que le destinateur connaisse la psychologie, les traits de caractère et les idées morales de ses destinataires, il doit connaître encore leur expérience de la vie, leur familiarité avec certains scénarios narratifs courants. Il est intéressant de constater qu'Aristote et, à sa suite, les auteurs des manuels de rhétorique, ne peuvent pas présenter la doctrine du *pathos*, c'est-à-dire un classement des émotions que l'orateur doit connaître et susciter, sans ébaucher la trame d'une situation narrative, d'un mini-récit. René Bary note par exemple, à propos de l'émotion de la colère, qu'on la ressent tout particulièrement «contre ceux qui nous méprisent en la présence de ceux de qui nous recherchons l'amitié»[34]. Chez Aristote, il existe un immense potentiel narratif, non seulement au Second Livre de le *Rhétorique* mais encore dans l'*Ethique de Nicomaque*. Ainsi, au chapitre XI du Livre IX, nous lisons :

> La présence à nos côtés de nos amis provoque des sentiments assez complexes, semble-t-il. Leur vue seule est par elle-même agréable, surtout pour un infortuné, et nous y trouvons une aide contre la souffrance (...). En revanche, il est pénible de sentir un ami partageant douloureusement nos propres infortunes, puisque tout ami évite d'être pour ses amis une cause de chagrin. Aussi les hommes naturellement courageux se gardent-ils de donner à leurs amis des occasions de compassion (...) Par contre, les femmelettes et les hommes qui leur ressemblent recherchent avec plaisir des gens qui prennent part à leurs gémissements ; ils les chérissent en tant qu'amis et associés de leurs propres souffrances. Or il est évident qu'en tout, c'est le meilleur qu'il faut imiter. D'autre part, la présence de nos amis dans le bonheur nous cause non seulement une agréable impression, elle nous donne aussi l'idée satisfaisante qu'ils se réjouissent de notre prospérité[35].

Ce passage est une réponse à la question suivante placée en tête du chapitre : « Est-ce dans les circonstances heureuses ou malheureuses qu'on a particulièrement besoin d'amis ? » Il est donc de nature rhétorique, le philosophe cherche à nous convaincre que, si les amis sont utiles dans le malheur, « il est plus honorable d'en avoir dans le bonheur ». Nous sommes en présence d'un passage qui repose sur le *lieu implicite* d'un préférable éthique (= l'honneur vaut plus que l'utilité), qui se sert du *lieu formel* de la division (les hommes courageux, les femmelettes) et qui utilise *le lieu explicite* de la sentence (« tout ami évite d'être pour ses amis une cause de chagrin » ; « en tout, c'est le meilleur qu'il faut imiter ») ; et par rapport à ces sentences, on peut considérer les phrases qui les précèdent immédiatement comme des lieux de l'*exemple*. — En fait, à partir d'un tel texte, toutes sortes de variantes sophistiques sont possibles. On peut adopter le point de vue opposé et insister, à partir d'un *lieu implicite* postulant une amitié plus exigeante, sur l'épreuve que le malheur de l'autre représente pour l'amitié ; ce n'est que dans le malheur que l'on connaît ses véritables amis. On peut adopter également le point de vue de l'ami et dire, en embrassant un *lieu implicite* plus psychologique qu'éthique (« l'homme préfère voir le malheur d'autrui plutôt que le sien propre »), que les amis sont plus actifs et plus contents lorsqu'ils peuvent secourir que lorsqu'ils doivent admirer. Ainsi, de tels passages et les innombrables variantes possibles qu'ils recèlent ont sans doute inspiré les débats rhétoriques du Moyen Age, le jeu des questions et des réponses, comme dans les *Arrêts d'Amour* de Martial d'Auvergne. Mais ces passages, il faut insister sur ce point, ne sont pas qu'argumentation pure : ils constituent l'ébauche d'une narration. Il suffit de donner un nom à chaque actant, d'inventer des circonstances historiques et géographiques, c'est-à-dire d'individualiser ce que le discours argumentatif présente comme général, pour obtenir un récit. Il est sans doute possible d'analyser ce travail d'individualisation narrativisante pour tous les récits et romans qui tournent autour d'un problème psychologique et moral central et d'en retrouver les sources rhétoriques ; un tel travail sera, bien entendu, plus facile pour *L'Astrée*, dont tous les épisodes, tous les couples sont des variantes sophistiques d'une éthique généreuse de l'amour, que pour *Madame Bovary* où les innombrables notations individualisantes, destinées pourtant à une vraisemblabilisation topique, cachent davantage les structures argumentatives[36].

Voici donc les six classes des *lieux*. Il me semble que les quatre premières ont souvent été confondues, notamment les *lieux implicites* et les *lieux formels* d'une part, et les deux types de *lieux explicites* d'autre part. Les deux dernières catégories, c'est-à-dire ce que j'appelle les *lieux configurationnels* n'ont pas été, à ma connaissance, désignées comme telles jusqu'ici. Leur intention persuasive est moins visible que celle des *lieux explicites*, ils ne proposent pas des vérités générales mais renvoient à notre expérience quotidienne, c'est ce qui fait sans doute que leur pertinence topique n'a pas été relevée. Une maxime se présente comme une sagesse pour ainsi dire figée, résultat d'un processus peut-être séculaire, d'une longue série d'observations et d'expériences ; en revanche, une description de la nature ou l'ébauche d'une intrigue psychologique est si proche de notre vécu, correspond si bien à notre attente, que nous en oublions l'intérêt rhétorique, c'est-à-dire son intérêt comme un point de départ possible pour l'argumentation.

Notre définition du *lieu* ayant un très haut degré de généralisation, elle déplaira peut-être à certains. Elle a cependant l'avantage de réunir des conceptions divergentes, voire même opposées, telles que nous les trouvons chez Perelman et chez Curtius ou les critiques de celui-ci, comme Joachim Dyck. N'oublions pas en effet que le débat très significatif qui avait opposé Dyck et quelques autres, au cours des années soixante, aux conceptions de Curtius est à l'origine de l'essor contemporain des études sur les lieux. Là où Dyck reproche à Curtius de ne pas s'en tenir à une définition formelle des lieux, de confondre le contenu et la forme de l'argument, un classement général comme le mien permet de concilier les deux points de vue et ceci correspond du reste, mieux que toute tentative de définition stricte, aux hésitations et ambiguïtés que nous trouvons à ce sujet dès Aristote[37].

Les six classes de lieux ne constituent pas un ensemble discret, ils entretiennent des rapports hiérarchiques. Les lieux complexes contiennent des lieux plus simples ou sont soutenus par eux. Le passage cité d'Aristote nous a montré que ce *lieu configurationnel du comportement* repose sur un *lieu implicite*, prend en partie la forme d'un *lieu formel* et se trouve soutenu par deux *lieux explicites*. Le travail du destinateur se fait, bien entendu, dans le sens inverse. Lorsque le *lieu implicite* est l'éloge de quelqu'un et que, en obéissant à la séquence topique, l'on commence par les parents, le destinateur a, selon les circonstances, le choix entre deux lieux *formels* : celui d'une *comparaison* (ou d'une gradation) pouvant aboutir à un *lieu explicite* tel que « tel père tel fils », ou celui des *contraires* : le père étant indigne, la vertu du fils est d'autant plus admirable.

L'examen approfondi de l'ensemble des lieux dans un texte nous révèle des *univers topiques* : quels sont les présupposés privilégiés d'un auteur, quelles sont ses sentences préférées et quelles sont les situations narratives qui manifestent le mieux son système philosophique et moral ? Un ensemble de lieux, écrit Lucie Olbrechts-Tyteca[38], peut constituer une vision du monde, même si l'on admet que certains de ces lieux sont antithétiques. Ces univers topiques varient sans doute selon les auteurs, les époques et les genres. A l'âge classique, certains genres littéraires admettent, tout comme les genres oratoires (plaidoyer, sermon), l'insertion systématique de maximes dans un texte narratif ou dramatique. Ainsi *La Franciade* de Ronsard contient trente-six passages marqués par une typographie différente et qui contiennent un ensemble de maximes relativement cohérent : fatalité, grandeur des rois, éloge de l'héroïsme et de la vertu[39]. Dans pareil cas, il semble assez facile de reconstruire une vision du monde. Toutefois, il ne faut pas oublier qu'une vision du monde apparente au niveau des *lieux explicites* pourrait être modifiée voire contredite par un autre niveau (celui, surtout, des lieux *implicites*) de sorte qu'une étude de toutes les classes serait nécessaire ; d'autre part telle vision n'exprime pas nécessairement les opinions du destinateur mais reflète les exigences du genre. Il est probable que l'ensemble des maximes tirées de tragédies exprime une vision du monde différente.

Les lieux constituent un arsenal immense ; chacun y fait un choix selon ses besoins, c'est-à-dire selon la situation dans laquelle il doit s'adresser à son public. Bien que des enquêtes empiriques manquent, les manuels traditionnels de rhétorique donnent quelques indications au sujet de la répartition des lieux, non pas selon les genres littéraires, mais selon les trois situations communicationnelles de base — j'appelle ainsi les trois *genera causarum* — qu'ils ont l'habitude de distinguer : la judiciaire, la délibérative et l'épidictique. Pour voir l'intérêt d'une telle répartition, il convient de rappeler brièvement les principales caractéristiques de ces situations.

Selon le premier scénario, qui fut à l'origine *judiciaire*, celui qui produit son texte se trouve devant un public qui se constitue comme tribunal : ce tribunal jugera des faits et des personnes et l'auteur du texte (du discours) défend ou accuse cette personne. Une telle situation judiciaire est loin d'être limitée au barreau : on peut la rencontrer chaque fois que le destinataire occupe un poste d'autorité par rapport au destinateur : l'enfant et l'élève devant les parents et les enseignants par exemple. De même, le scénario judiciaire est le scénario privilégié de certains genres littéraires, comme la tragédie classique[40]. L'événement dont juge le tribunal a eu lieu dans *le passé*; dans la seconde situation présentée par la doctrine rhétorique, l'auteur cherche à intéresser son public à un fait *futur*, à un acte qu'il faudra accomplir dans l'avenir. Le *délibératif* est le genre persuasif par excellence : l'auteur essaie d'amener son public à prendre une décision, à penser ou à agir comme lui. C'est le cas des grands discours idéologiques, qu'ils soient de nature politique ou religieuse. Le rapport entre émetteur et récepteur n'est pas le même que pour le judiciaire, le récepteur n'est pas nécessairement supérieur à l'émetteur, il n'a pas de pouvoir ni d'autorité sur lui. Enfin, le troisième scénario est celui de l'*épidictique* (démonstratif) : il s'agit de réaffirmer dans le présent, de confirmer ou de célébrer, des valeurs admises aussi bien par le destinateur que par le destinataire. Nous voici en présence du discours d'apparat : panégyrique d'un saint, oraison funèbre, toast d'anniversaire. L'élément persuasif se réduit ici à un minimum, l'orateur mise sur des valeurs sûres, sur un accord tacite préalable entre lui et son public. La nature rhétorique de cette troisième situation a été souvent mise en doute, mais seulement dans la mesure où l'on tente de définir la rhétorique strictement comme un *ars persuadendi*. Cependant on ne saurait nier les connotations persuasives qui se créent autour de la réaffirmation de valeurs existantes : l'éloge renforce les convictions de ceux qui risquent d'hésiter.

Dans le riche arsenal des procédés rhétoriques, les discours font des choix différents, selon le genre auquel ils appartiennent. Ainsi la *narration* des événements qui doivent permettre de disculper ou de condamner l'accusé, occupe une place importante dans le genre judiciaire, là où le genre délibératif privilégie l'*argumentation* rationnelle et émotive, et le genre épidictique la *description* (éloge et blâme). C'est sans doute à cause de cette particularité que la poésie lyrique fut, pendant les siècles classiques, rapprochée de l'épidictique[41] : la poésie «embellit la nature», sa tâche principale est l'amplification décorative. Sous l'influence conjuguée de cette tradition et de la règle dite horatienne qui veut que la poésie imite la peinture («ut pictura poesis»), la poésie se conçoit en effet pendant longtemps comme essentiellement descriptive. Ce qui n'empêche cependant pas Daniello, un critique italien du XVIe siècle, de considérer que tel sonnet de Pétrarque relève plutôt du genre délibératif que du genre épidictique. Les nombreux genres et sous-genres littéraires ne correspondent donc pas exactement aux trois «genres» rhétoriques.

En ce qui concerne les lieux, on peut ajouter quelques remarques tout à fait globales. Pour les *lieux implicites*, le couple *possible/impossible* se rattache surtout au délibératif, le couple *réel/non-réel* au judiciaire et le *plus/moins* à l'épidictique[42]. Quant aux *lieux formels*, il faudrait sans doute des enquêtes statistiques pour déterminer leur fréquence relative dans les textes relevant des trois situations[43]; il est probable, toutefois, que les lieux de la *division* et de la *comparaison*, qui peuvent servir l'amplification, seront plus nombreux dans les textes de l'éloge, donc dans la situation épidictique, qu'ailleurs. Les *lieux explicites* de la maxime et de l'autorité me semblent en revanche plus appropriés aux deux autres situations. Enfin, les *lieux configurationnels* sont, nous l'avons vu, nécessaires dans l'épidictique (description) et dans la judiciaire (narration), mais non pas dans la situation délibérative.

Le choix des lieux se fait en connaissance de la situation; mais n'y a-t-il, comme le voulaient les Anciens, que trois situations de base? Malgré certaines tentatives[44], il ne semble pas que la psychologie et la sociologie modernes aient véritablement bouleversé la trichotomie traditionnelle. Cela est d'autant plus surprenant que les trois situations sont celles de la communication orale et que les conditions techniques de la communication se sont radicalement modifiées depuis l'Antiquité (imprimerie, téléphone, etc.). La trichotomie se trouve même renforcée et confirmée du côté de la psychanalyse. En effet, selon Van der Zwaal, «the three kinds of oratory seem to correspond to three positions that we may find ourselves in as a subject in relation to another person, i.e., psychoanalytically speaking, an object»[45].

Si les situations restent globalement les mêmes, en est-il de même des lieux? N'est-il pas curieux d'insister sur le système des accords, sur la structuration de l'entente intersubjective, à une époque souvent qualifiée de postmoderne, à une époque caractérisée par la mort des idéologies unifiantes et par un pluralisme et un plurilinguisme hautement proclamés? Il est certain qu'un Bossuet et même un Lincoln pouvaient tabler sur un accord considérable avec leur public; la présence et la fréquence, dans leur œuvre, de *lieux explicites* (maximes et autorités) en est la preuve. Là où les réactions du destinataire sont moins prévisibles, il est sans aucun doute plus difficile de délimiter les champs d'entente; les lieux voyants se font rares, les lieux implicites prédominent, comme, souvent, en littérature[46]. Ou alors, c'est l'inverse: pensons à la publicité bruyante, au radicalisme de certains groupements politiques. Dans ce dernier cas, les rôles se trouvent cependant renversés: en fait dans nos sociétés pluralistes, ce n'est pas le destinateur qui choisit son public — il ne le connaît pas, il en devine simplement la potentielle existence — c'est le public qui se choisit, *en raison des lieux utilisés* et qui sont à son gré, son destinateur! Ainsi, les lieux fonctionnent toujours, me semble-t-il, mais à rebours.

Nous n'avons parlé des lieux, dans les pages qui précèdent, que comme des terrains d'entente. C'est là en effet la première condition pour l'existence d'un lieu, mais elle n'est pas la seule. La seconde se trouve exprimée dans la deuxième partie de ma définition : un terrain d'entente *stratégiquement choisi*. Une maxime ou une description ne deviennent des lieux que si elles ont été choisies exprès pour fonctionner comme un *argument*. Les deux grands types de raisonnement sont, on le sait, le raisonnement déductif et le raisonnement inductif ; pour le domaine de la rhétorique, Aristote désigne ces deux types par les termes d'*enthymème* et d'*exemple* (*Rhétorique*, I, 1356 b). Contrairement au syllogisme logique, l'enthymème se compose de prémisses probables ou vraisemblables[47]; l'exemple est défini comme suit (1356b-26) : « l'exemple ne présente les relations ni de la partie au tout, ni du tout à la partie, ni du tout au tout, mais seulement de la partie à la partie, du semblable au semblable, lorsque les deux termes rentrent dans le même genre, mais que l'un est plus connu que l'autre ». L'exemple est donc le domaine de la description paratactique, de la comparaison et de la narration : argumenter en invoquant un récit, c'est établir un parallèle entre deux situations, et non pas faire une démonstration contraignante. Il est intéressant de constater que le mot grec dont Aristote se sert ici, *paradeigma*, est également traduit par *comparaison*[48] et que le terme *exemple* désigne, parmi les lieux, l'exemple *narratif*.

Les six classes de lieux ne s'insèrent pas toutes dans le même type de raisonnement. Les *lieux formels* et *le lieu explicite de la maxime* peuvent, semble-t-il, rentrer dans l'une comme dans l'autre catégorie, tandis que le *lieu explicite de l'autorité* aussi bien que les deux classes de *lieux configurationnels* s'inscrivent toujours dans des raisonnements inductifs. En revanche, le *lieu implicite* relève du raisonnement déductif. Il est significatif que la théorie de l'argumentation ne s'intéresse qu'à cette seule classe de lieux. Van Eemeren cite l'exemple des *Topiques* (116a, 29-31) : « ce qui est désirable pour soi est plus désirable que ce qui est désirable pour autre chose : par exemple, la santé est plus désirable que la gymnastique, car l'une est désirable pour soi, et l'autre pour autre chose ». Il s'agit ici du lieu implicite de l'autonomie (« ce qui est en soi est préférable à ce qui n'est que pour autre chose »), qui fournit le cadre général pour les déductions particulières[49].

Il est facile de savoir si la seconde condition est remplie ou non. Une maxime isolée ne devient lieu qu'au moment où le lien argumentatif de cette maxime est perçu par le destinataire, soit avec ce qui précède soit avec ce qui suit dans un texte. Une maxime n'est qu'un point de départ, la base sur laquelle l'argument se construit : qu'un lieu commun banal, que le nom d'un héros, que la description d'un paysage soit un lieu ou non, ne se décide que *sur place*. Tout peut *entrer* dans un lieu, comme dit Melanchthon, mais rien ne s'y trouve d'avance ou par essence.

Il faut insister sur cette dualité afin de dissiper quelques malentendus mais aussi afin de mieux cerner le caractère de l'argumentation topique. Un malentendu tenace veut que les séries du type *quis, quid, cur, contra, quibus auxiliis, quomodo, quando* s'appellent des lieux. En réalité, ce ne sont pas des lieux mais des formules mnémotechniques permettant au destinateur de se rappeler l'articulation obligatoire de son discours. Arrivé à telle ou telle phase, il doit trouver les lieux appropriés. Confondre les séries mnémoniques et les lieux, c'est confondre thématique et argumentation[50]. L'étude des lieux séparés de leur contexte permet sans doute de reconstituer à peu près l'univers thématique d'une œuvre, mais jamais entièrement. Une telle étude est dangereuse dans la mesure où elle n'insiste que sur les aspects conservateurs de la thématique : ce n'est que l'utilisation argumentative de ces lieux qui révèle les intentions, le «message» et donc la thématique totale.

C'est pour cette même raison que les florilèges et autres recueils de lieux (comme l'ouvrage déjà mentionné d'Etienne Binet) sont en réalité des recueils de lieux *potentiels* seulement, de possibles terrains d'entente non encore sélectionnés[51].

L'étude des lieux potentiels et de leur insertion dans un contexte, qui acquiert par là un caractère argumentatif, est la base de l'analyse rhétorique d'un texte. Ou plus exactement le pivot puisqu'elle permet de percevoir l'accord préalable entre destinateur et destinataire aussi bien que l'intention persuasive présente du destinateur. Le lieu n'est pas seulement le terrain d'entente : sinon, tout texte serait d'une banalité parfaite. C'est le choix des lieux potentiels, et l'argumentation qui se greffe sur ce choix qui manifestent le dépassement de l'entente et la nouveauté finale d'un texte.

L'ANALYSE RHETORIQUE

La communication rhétorique conventionnelle repose sur le présupposé que le sens (le message) d'un texte est non-ambigu. Son efficacité ne peut être évaluée que si le but est connu. Les manuels recommandent de commencer par formuler clairement le sujet du discours ;

Melanchthon critique les jeunes prédicateurs de son temps qui écrivent des sermons sans en établir préalablement le sujet unique[52]. Les textes relevant d'un genre oratoire comme le sermon et le plaidoyer sont en effet explicites à cet égard; ce qui caractérise en revanche les œuvres littéraires, même à l'époque classique, c'est qu'elles adoptent, tout en admettant le même principe de la stricte non-ambivalence du message, le procédé de la «vérité cachée». Le Père Le Bossu établit en 1675, dans son *Traité du Poëme Epique*, une hiérarchie des genres littéraires basée sur les modalités et la complexité grandissante d'un tel déguisement — qui n'est en réalité qu'un pseudo-déguisement — des intentions de l'auteur.

Pour faire l'analyse rhétorique d'un texte, il faudrait donc commencer par découvrir son *message*, recenser ensuite les *arguments* qu'il contient en faveur de ce message et passer enfin au classement des *figures de style*, en essayant de les mettre en rapport avec arguments. C'est ainsi que les manuels nous présentent, de façon linéaire, les différentes phases de la production d'un discours. Quant à l'interprète, il parcourt ce chemin en sens inverse, mais le trajet reste linéaire. Toutefois la réversibilité est problématique. Là où l'intention de l'auteur est évidente, on devrait pouvoir en principe examiner, par une voie «déductive», si les lieux utilisés sont vraiment appropriés et si les figures ont été bien choisies pour soutenir efficacement les arguments. Mais le trajet inverse est inductif, on passe du particulier au général; il n'y a pas de rapport univoque et nécessaire entre les phénomènes stylistiques de la surface, les moyens rationnels et émotifs auxquels ces phénomènes sont censés renvoyer et le message que ces moyens sont censés servir. C'est un réseau complexe et toujours variable de figures qui soutient un argument (rationnel et émotif), et c'est un réseau complexe de lieux interactifs qui porte et révèle «le message». Une figure ne renvoie pas toujours au même message, mais un message peut déclencher et expliquer l'usage de telle ou telle figure.

Il faut se demander cependant si ce problème de la réversibilité de la production et de l'interprétation n'est pas un faux problème dans la mesure où, dans les deux cas, nous admettons, conformément à une vieille tradition pédagogique[53], la possibilité d'une analyse *linéaire*. Or l'analyse d'un texte ne commence ni à la surface ni dans les profondeurs, mais au milieu : elle prend appui sur les *lieux* dont l'examen sémantique révèle progressivement le *message* du texte et dont l'examen formel révèle parallèlement l'emploi des *figures*.

Prenons quelques exemples.

La mort et le bûcheron

Un pauvre bûcheron, tout couvert de ramée,
Sous le faix du fagot aussi bien que des ans
Gémissant et courbé marchait à pas pesants,
Et tâchait de gagner sa chaumine enfumée.
5   Enfin, n'en pouvant plus d'effort et de douleur
Il met bas son fagot, il songe à son malheur.
Quel plaisir a-t-il eu depuis qu'il est au monde ?
En est-il un plus pauvre en la machine ronde ?
Point de pain quelquefois, et jamais de repos.
10   Sa femme, ses enfants, les soldats, les impôts,
     Le créancier, et la corvée,
Lui font d'un malheureux la peinture achevée.
Il appelle la Mort, elle vient sans tarder,
     Lui demande ce qu'il faut faire.
15   «c'est, dit-il, afin de m'aider
A recharger ce bois ; tu ne tarderas guère».

     Le trépas vient tout guérir ;
     Mais ne bougeons d'où nous sommes :
     Plutôt souffrir que mourir,
20   C'est la devise des hommes.

Dans les fables de La Fontaine, le travail de l'interprète est très souvent facilité par un *message* explicite. Celui-ci prend ici la forme du *lieu implicite* du préférable : il faut préférer («*plutôt* souffrir que mourir») le *réel* («ne bougeons d'où nous sommes»). Ce message est soutenu par une argumentation inductive : un exemple. La fable elle-même peut en effet être considérée comme un *lieu formel de l'exemple*. Elle commence par la présentation du personnage ; le choix de celui-ci repose sur le *lieu implicite du plus/moins*. Un vieillard pauvre est celui qui devrait en principe tenir le moins à la vie ; s'il y tient tout de même, les autres, moins pauvres et moins vieux, y tiennent *a fortiori*. La description des quatre premiers vers contient des arguments allusifs comme le passage de Virgile cité plus haut : les termes *gémissant, pas pesants, enfumée* sont autant de preuves cachées de l'état misérable où vit le bûcheron. Les arguments physiques présentés dans la description se trouvent ensuite soutenus par les éléments de cette ébauche d'un monologue intérieur qui se trouve aux vers 7-12. Celui-ci constitue en fait un *lieu formel de l'énumération*[54]. Les éléments cités contiennent de nouveau des arguments allusifs ('«sa femme» = est acariâtre ; «ses enfants» = nombreux, sont source de dépenses, etc.). Les deux passages descriptifs constituent bien entendu, des *lieux configurationnels* : l'entente est facilement établie, grâce aux traits mentionnés tout le monde sera d'accord pour considérer que le bûcheron est un homme pauvre et malheureux. Enfin, au niveau du travail de la rédaction, c'est-à-dire de l'*elocutio*, on dira que le second passage est une *figure* de l'amplification (pour persuader, le poète multiplie les détails), et que les deux passages forment ensemble une *éthopée*[55].

Les douze premiers vers forment un contraste avec les quatre vers qui suivent, c'est-à-dire avec la crise et le dénouement rapide du récit. Ce contraste peut de nouveau être saisi au niveau rhétorique, comme un *lieu implicite* de la quantité versus qualité (plus/moins). En général, on préfère le beaucoup au peu. La quantité des détails sur la misère du bûcheron ont convaincu le lecteur ; pourtant, ici, l'argumentation selon la quantité se trouve tout à coup renversée en une argumentation selon la qualité : il faut préférer ce qui est exprimé en peu de mots, ce qui est rare et possède un prix exceptionnel, il faut préférer la vie à la mort. Ce renversement inattendu peut être interprété comme un signe d'ironie : le lecteur est invité à passer de la tristesse au sourire.

Reste la question de savoir à quelle situation cette fable correspond. Je crois que nous sommes ici en présence d'une situation *judiciaire*. Le lecteur est censé juger le bûcheron et se juger ; le procès repose, comme toujours, sur une narration. Le récit est à la troisième personne, le message comporte un pronom à la première personne du pluriel ; c'est dire que la fable s'adresse directement au lecteur, sans aucun intermédiaire. Celui-ci est invité, non pas à agir — comme dans une situation délibérative —, mais à se connaître.

Mon second exemple est pris dans un ballet de Théophile de Viau, les *Princes de Chypre*, dansé à la Cour en 1617.

Les Amours plus mignards à nos rames se lient
Les Tritons à l'envi nous viennent caresser,
Les vents sont modérés, les vagues s'humilient
Par tous les lieux de l'onde où nous voulons passer.

5   Avec notre dessein va le cours des étoiles,
L'orage ne fait point blémir nos matelots,
Et jamais alcyon sans regarder nos voiles
Ne commit sa nichée à la merci des flots.

Notre Océan est doux comme les eaux d'Euphrate ;
10 Le Pactole, le Tage est moins riche que lui.
Ici jamais nocher ne craignit le pirate
Ni d'un clame trop long ne ressentit l'ennui.

Sous un climat heureux, loin du bruit de tonnerre,
Nous passons à loisir nos jours délicieux,
15 Et là jamais notre œil ne désira la terre
Ni sans quelque dédain ne regarda les cieux.

>   Agréable beautés pour qui l'amour soupire,
>   Eprouvez avec nous un si joyeux destin,
>   Et nous dirons partout qu'un si rare navire
> 20 Ne fut jamais chargé d'un si rare butin.

Les nautoniers invitent des déesses à monter dans leur bateau ; c'est une allégorie de la paix retrouvée et du retour du plaisir. L'invitation requiert une stratégie de séduction. Le voyage en mer, traditionnellement présenté comme dangereux, apparaîtra donc comme doux et innocent : les vagues s'abaisseront, les étoiles seront favorables, les pirates absents.

La situation est délibérative, dans la mesure où le texte s'adresse à des destinataires implicites («agréables beautés»), à qui une décision est demandée. Dans la fable de La Fontaine, le *lieu implicite du réel* invitait le destinataire à se faire juge, ici, grâce à un *lieu implicite du possible*, celui-ci est invité à se décider, c'est-à-dire à s'engager pour l'avenir. Toutefois, pour le spectateur d'alors et pour le lecteur d'aujourd'hui, la valeur allégorique prime le sens concret et il sera tenté de considérer le jeu des nautoniers comme une invitation à la paix et ce fragment en premier lieu comme un éloge de celle-ci. Le délibératif infléchit vers l'épidictique. Le *lieu configurationnel de la description* contenue dans les quatre premières strophes ne mise pas sur une entente au niveau du réel mais sur une entente au niveau d'un désir collectif, d'un possible. La description sous-entend le *lieu implicite du plus/moins* (ici : préférence, donc valeur persuasive, de la quantité) ; en outre, elle peut être considérée, encore une fois, comme un *lieu formel de la définition/division* et comme une *figure* de l'amplification.

Mon troisième et dernier exemple est le monologue de la reine Cléopâtre, qui a décidé de tuer ses deux fils, parce qu'ils sont amoureux de sa jeune rivale *Rodogune* (Acte V, sc. 1) :

>   Enfin, grâces aux dieux, j'ai moins d'un ennemi.
>   La mort de Séleucus m'a vengée à demi ;
>   Son ombre, en attendant Rodogune et son frère,
> 1500 Peut déjà de ma part les promettre à son père ;
>   Ils te suivront de près, et j'ai tout préparé
>   Pour réunir bientôt ce que j'ai séparé.
>   O toi, qui n'attends plus que la cérémonie
>   Pour jeter à mes pieds ma rivale punie,
> 1505 Et par qui deux amants vont d'un seul coup du sort
>   Recevoir l'hyménée, et le trône, et la mort,
>   Poison, me sauras-tu rendre mon diadème ?
>   Le fer m'a bien servie, en feras-tu de même ?
>   Me seras-tu fidèle ? et toi, que me veux-tu,
> 1510 Ridicule retour d'une sotte vertu,

       Tendresse dangereuse autant comme importune ?
       Je ne veux point pour fils l'époux de Rodogune,
       Et ne vois plus en lui les restes de mon sang,
       S'il m'arrache du trône et la met en mon rang.
1515   Reste du sang ingrat d'un époux infidèle,
       Héritier d'une flamme envers moi criminelle,
       Aime mon ennemie et péris comme lui.
       Pour la faire tomber j'abbatrai son appui :
       Aussi bien sous mes pas c'est creuser un abîme
1520   Que retenir ma main sur la moitié du crime ;
       Et, te faisant mon roi, c'est trop me négliger
       Que te laisser sur moi père et frère à venger.
       Qui se venge à demi court lui-même à sa peine :
       Il faut ou condamner ou couronner sa haine.
1525   Dût le peuple en fureur pour ses maîtres nouveaux
       De mon sang odieux arroser leurs tombeaux,
       Dût le Parthe vengeur me trouver sans défense,
       Dût le ciel égaler le supplice à l'offense,
       Trône, à t'abandonner je ne puis consentir ;
1530   Par un coup de tonnerre il vaut mieux en sortir ;
       Il vaut mieux mériter le sort le plus étrange.
       Tombe sur moi le ciel, pourvu que je me venge !
       J'en recevrai le coup d'un visage remis :
       Il est doux de périr après ses ennemis ;
1535   Et, de quelque rigueur que le destin me traite,
       Je perds moins à mourir qu'à vivre leur sujette.

Le monologue dramatique est très souvent une tentative d'autopersuasion ; il s'inscrit par conséquent dans une situation délibérative. Comme chez Viau, le destinateur et le destinataire se situent à l'intérieur du texte mais, ici, ils constituent une seule personne.

La reine veut se persuader qu'il faut tuer Antiochus, le fils encore vivant, quand bien même les conséquences en seraient funestes. La fureur de Cléopâtre consiste à opter pour un *lieu implicite* du non-réel : elle adopte pour elle-même (destinateur et destinataire !) comme terrain d'entente le refus de la tendresse, le meurtre et la mort. Pour se pénétrer progressivement de cette fureur, elle se sert cinq fois de suite de la *figure* de l'apostrophe : elle s'adresse tour à tour son mari tué (v. 1501-1502), au poison (v. 1503-1509), à la vertu (v. 1509-1511), à Antiochus (v. 1515-1517) et enfin au trône (v. 1529). Cette figure de pensée est soutenue, à certains endroits, par des interrogations et par une exclamation : ce sont là, selon les manuels, des figures propres à susciter les émotions.

Les apostrophes constituent une série stratégique qui suit la chronologie : le mari figure au début, source de tous les maux ; la seconde apostrophe introduit les instruments-adjuvants (fer, poison), la troisième nomme l'opposant qu'il s'agit de réfuter afin d'affronter l'adversaire à abattre (quatrième apostrophe) en vue du but final (cinquième apostrophe : «Trône, à t'abandonner je ne puis consentir»). Pour s'armer contre la vertu, la reine se sert d'un *lieu formel* de la *définition* qui prend la forme d'une *figure* de l'*hypotypose* : «Je ne veux point pour fils l'époux de Rodogune».

Le caractère délibératif de ce passage, la nécessité et la difficulté de se persuader à persévérer dans la voie du vice, se manifeste par la présence de *lieux explicites* : «Qui se venge à demi court lui-même à sa peine : Il faut ou condamner ou couronner sa haine» (v. 1523-23) et «Il est doux de périr après ses ennemis» (v. 1534) sont des *maximes*. Signalons enfin l'emploi de la *figure* de l'*antithèse* (v. 1502, mêlée d'ironie, autre figure! et v. 1517), qui a une valeur à la fois intellectuelle et affective.

L'analyse rhétorique d'un texte ne peut pas se contenter d'examiner le message, les lieux et les figures. Ces dernières en particulier, n'ont pas seulement un effet rationnel, elles suscitent aussi des émotions. Les manuels traditionnels accordent, à la suite d'Aristote, une place importante à l'étude des *passions* : la rhétorique d'autrefois est à l'origine de la psychologie moderne. Le futur orateur apprend à connaître et distinguer les symptômes et les manifestations des diverses émotions et à les manipuler avec adresse. Il choisit l'effet qu'il entend obtenir selon la situation : dans un discours épidictique de l'éloge, il cherche à susciter l'*admiration*, dans un discours judiciaire où il défend un accusé, il incitera le tribunal à la *pitié*.

L'écrivain classique, qui possède une formation rhétorique solide, décrit les émotions en connaissance de cause et établit, grâce à elles, des lieux configurationnels. Dans les textes narratifs, c'est-à-dire dans tous les textes épiques, dramatiques, romanesques, etc. qui mettent en présence plus d'un personnage, il doit ensuite distinguer entre les émotions représentées, c'est-à-dire les émotions que ses personnages fictifs sont censés éprouver les uns pour les autres, et les émotions à provoquer dans l'âme de personnages réels, c'est-à-dire auprès du public. Il connaît la première catégorie, nous l'avons vu, grâce à la rhétorique ; les «règles» de la seconde lui sont enseignées, par contre, par la poétique. Elles se résument schématiquement ainsi : les textes épiques doivent susciter l'*admiration*, les textes tragiques ce mélange fascinant de la *crainte* et de la *pitié* qui aboutit à la catharsis.

La *Poétique* aristotélicienne, telle qu'elle a été conservée, se limite à l'étude de ces deux grands genres ; il ne semble pas qu'on puisse automatiquement postuler ces deux effets affectifs pour tout texte littéraire. En fait, chacun des trois textes que nous venons d'étudier poserait alors un problème. Le passage de Viau n'est pas exactement épique, mais suscite tout de même en premier lieu l'*admiration*. La fable de La Fontaine échapperait définitivement à la dichotomie aristotélicienne, puisqu'elle n'est ni épique ni tragique : l'ironie que nous pensons y pouvoir discerner la rend-elle comique? Quoi qu'il en soit, la *pitié* n'est pas la seule émotion visée. Le monologue tragique présente un cas bien complexe : l'attitude de la reine suscite des sentiments de *crainte* et peut-être même de *pitié*, mais si l'on en croit Corneille, de l'*admiration* aussi. «Tous ses crimes sont accompagnés, écrit-il dans l'*Examen* de cette pièce, d'une grandeur d'âme qui a quelque chose de si haut qu'en même temps qu'on déteste ses actions, on admire la source d'où elles partent». Il faut, bien entendu, donner au terme le sens qu'il a dans le *Traité des Passions* de Descartes : un étonnement subit devant quelque chose d'exceptionnel, sans aucune connotation morale.

L'analyse rhétorique qui prend appui sur les lieux rend visible le champ d'accord entre l'auteur et son public : l'entente est nette au sujet du malheur réel et du bonheur possible, l'imaginaire collectif travaille sans doute selon les jalons suggérés et une telle analyse permet en même temps de montrer cela même qui échappe à l'entente : la fureur de Rodogune, qui mise sur le non-réel.

D'une manière générale, l'analyse rhétorique des textes se limite à deux terrains : celui de la littérature d'avant le romantisme[56] et celui de textes oratoires modernes, en particulier l'éloquence politique; dans les universités américaines, on a l'habitude d'étudier les procédés rhétoriques utilisés par les hommes d'Etat du pays, de Lincoln à Kennedy et à Reagan. (Dans le meilleur cas, c'est à la fois une leçon de civisme national et une prise de conscience critique face aux possibles manipulations de l'esprit). Ce qui manque cependant, c'est une analyse rhétorique de textes littéraires modernes. Il est certain que l'examen des procédés topiques et persuasifs chez Balzac, chez Lautréamont ou chez Robbe-Grillet est plus malaisé que chez Corneille ou La Fontaine. D'une part, les auteurs modernes se servent de genres nouveaux, de formes littéraires qu'ils ont contribué eux-mêmes à inventer et que la rhétorique traditionnelle ne pouvait qu'ignorer, d'autre part ils s'adressent à un public beaucoup moins homogène et lui signalent des objets (une «réalité») qu'auparavant soit on ignorait, soit on jugeait indignes d'être retenus dans un ouvrage littéraire. Malgré ces transformations profondes, je suis convaincu qu'une telle étude est non seulement possible mais souhaitable : le seul remède à la crise de l'histoire littéraire dont on parle depuis vingt-cinq ans, ce serait une histoire littéraire des formes et non pas des auteurs[57]. Or si une telle histoire veut dépasser le niveau de l'inventaire, du simple recensement des genres, elle devra s'inspirer de l'analyse rhétorique des textes, qui consiste précisément à dépasser ce niveau et à montrer le fonctionnement social et psychologique des formes.

Car, en réalité, la littérature et son histoire sont rhétorisables. C'est un préjugé romantique que de vouloir séparer radicalement les textes «utiles» et les textes esthétiques. Le slogan de l'autonomie de l'œuvre esthétique, si populaire depuis Théophile Gautier jusqu'après les formalistes russes, est un leurre. Tout texte est un dialogue déguisé et nous savons par ailleurs que l'une des deux grandes sources historiques de la littérature, c'est l'éloquence. L'histoire de la littérature, il convient de la concevoir non pas comme celle de sa dérhétorisation progressive mais comme celle de l'occultation plus ou moins réussie de ces origines.

Plus ou moins réussie, car l'illusion réaliste du petit détail vrai a pu faire croire, pendant plus d'un siècle, que la littérature est faite pour nommer, pour décrire, pour faire connaître ou pour dévoiler le monde, et non pas pour communiquer. Mais la rhétorique se manifestait jusque dans les genres ignorés par les manuels de rhétorique et de poétique, comme le roman. La question du message, des lieux et des figures peut être posée à propos de *la Princesse de Clèves* et à propos de *l'Espoir*. Le roman est aussi susceptible d'une analyse rhétorique que l'ode ou la tragédie. Les questions que la critique se pose en général au sujet des personnages romanesques — Jean-Paul Sermain nous le rappelle très opportunément à propos de Marivaux et de Prévost — sont souvent d'ordre rhétorique : «Marianne est-elle calculatrice ? Le paysan parvenu peut-il dire toute la vérité ? Doit-on accuser Des Grieux de partialité ou d'aveuglement ? Faut-il croire ce que l'ambassadeur dit de la Grecque moderne ?»[58] Et il existe même — paradoxalement, puisque, à première vue, les genres narratifs semblent s'opposer aux genres argumentatifs — une tradition, sinon un sous-genre, à l'intérieur du genre romanesque que l'on pourrait qualifier de *roman rhétorique*. J'entends baptiser ainsi les romans dans lesquels le discours entretient des relations intenses et privilégiées avec la narration : les actions ne sont pas présentées directement au lecteur mais à travers les récits racontés par les personnages, comme — la plupart du temps — dans *Les Ethiopiques* d'Héliodore, le grand roman antique qui inaugure les valeurs civilisatrices du roman occidental; ou encore, les actions se déguisent en discours, l'intrigue n'avançant que tant que l'on parle, comme dans *Les Egarements du Cœur et de l'Esprit* de Crébillon fils, ce chef-d'œuvre de déguisement oratoire où les longues et subtiles conversations occupent l'avant-scène, et où, jusqu'à l'avant-dernière page, rien ne se passe en dehors des mots; enfin, les actions se transforment en pures aventures langagières, comme dans *Le Bavard* de Des Forêts[59]. De même, on pourrait penser, dans cette perspective, à tous les romans-monologues, ces romans à la première personne qui constituent des aveux (fictifs) comme *Adolphe* ou comme *La Chute*. Des actions prétendument réelles, mais racontées, aux actions qui ne sont que langage, qui ne doivent leur existence (écrite) qu'à certaines configurations sociolinguistiques — voici une immense histoire rhétorique du roman qui semble s'esquisser. De la chose dite par le mot à la chose verbale, quelle vertigineuse évolution de la volonté de nommer et de communiquer!

Je cite le cas du roman parce que, pendant des siècles, ce genre gênait les théoriciens et échappait à leurs tentatives de classement et de définition. Mais une histoire rhétorique de la littérature s'impose d'une manière générale dès que l'on conçoit la rhétorique et la communication comme des valeurs constantes de toute civilisation[60].

NOTES

[1] Comme nous avons l'habitude de le faire depuis Descartes. Cf. Rom HARRÉ, «Persuasion and Manipulation», in T.A. VAN DIJK, éd., *Discourse and Communication*, Berlin-New York, Walter de Gruyter, 1985, pp. 126-142. Vigotsky cité d'après la page 135.
[2] Les cas-limites mentionnés au chapitre précédent — lyrisme, auto-expressivité — se laissent mieux cerner dans cette perspective : ils incarnent une attitude du refus, donc une attitude secondaire. Comme souvent, la psychologie (de la communication) se plaît à contredire la métaphysique (de la nomination).
[3] Colin CHERRY, *On Human Communication*, 2ᵉ éd., 1966, M.I.T. Press, Cambridge, Mass. et Londres; voir aussi Paul WATZLAWICK, *La réalité de la réalité* (Paris, Seuil, 1978), et la très pertinente étude de Tamás SZENDE sur les perturbations de la communication (*Megérthetjük-e egymást?*, Budapest, Magvetö, 1987). Le reproche se trouve formulé e.a. dans les articles «communication» et «information» du dictionnaire de A.J. GREIMAS et J. COURTÈS (*Sémiotique*, Paris, Hachette, 1979).

[4] *Kitáb Al-Hatába, Le livre sur la Rhétorique*, p. J. Langhade et M. Grignaschi (Beyrouth, Dar El-Machreq, 1971).
[5] Cf. Gary CRONKHITE, *Persuasion - Speech and Behavioral Change*, Indianapolis et New York, Bobbs Merrill Company, 2e éd., 1968.
[6] Cf. Christoph STROZETSKI, *Rhétorique de la conversation - Sa dimension littéraire et linguistique dans la société française du* XVIIe *siècle* (Paris-Seattle-Tübingen, Biblio 117, 1984).
[7] «Dialectique, rhétorique, herméneutique», in *Revue internationale de philosophie*, *XXXIII* (1979), p. 156. Voir aussi, du même auteur, *Meaning and Reading*, Amsterdam, John Benjamins, 1983.
[8] Jean-François LYOTARD, *La condition postmoderne*, Paris, Minuit, 1979, p. 40.
[9] Cf. Michael CAHN, *Kunst der Überlistung - Studien zur Wissenschaftsgeschichte der Rhetorik*, Munich, Fink, 1986. Les travaux sur l'histoire de la rhétorique, d'Aristote à saint Augustin, de Ramus à l'école écossaise, sont nombreux : que l'on songe à ceux de Vasile Florescu, Marc Fumaroli, George Kennedy, Kees Meerhoff, James J. Murphy, Brian Vickers et Samuel IJssling. Cf. mon article «Discours et histoire», in *Rapports*, 1981, pp. 166-173. On trouvera un excellent résumé de l'apport de la rhétorique romaine pour l'Europe moderne dans l'article d'Alfons WEISCHE «Zur Bedeutung der römischen Rhetorik» (in Karl BÜCHNER, éd., *Latein und Europa, Traditionen und Renaissancen*, Stuttgart, Reclam, 1978, pp. 147-167).
[10] Cf. Heinrich NIEHUES-PRÖBSTING, *Überredung zur Einsicht - Der Zusammenhang von Philosophie und Rhetorik bei Platon und in der Phänomenologie* (Francfort, Vittorio Klostermann, 1988).
[11] Cf. Henri GOUHIER, «La résistance au vrai et le problème cartésien d'une philosophie sans rhétorique», in *Retorica e Barocco*, Rome, Castelli, 1955, pp. 85-97. Alain Michel essaie pour sa part de reconstituer, à partir de l'*Art de parler* de Bernard Lamy (1675), ce qu'aurait été une «rhétorique cartésienne» («De Gerhard Vossius au Père Bernard Lamy - Rhétorique et cartésianisme au XVIIe siècle» in *Ars Rhetorica antica e nuova*, Genova, Istituto di filologia antica e moderna, 1983, pp. 117-138).
[12] On aura reconnu, notamment, la position de George Steiner.
[13] Cette thèse est défendue dans un article brillant mais pas entièrement convaincant, par Glenn W. MOST («Rhetorik und Hermeneutik - Zur Konstitution der Neuzeitlichkeit», in *Antike und Abendland XXX*, 1984, pp. 62-79), qui parle même de «Aufstieg der einen und Abstieg der andern im Wechselverhältnis» (p. 68). Le point le plus discutable de cette thèse, c'est que l'Antiquité n'aura pas connu l'herméneutique. [Pour la thèse contraire, voir par exemple Kathy EDEN, «Hermeneutics and the Ancient Rhetorical Tradition», in *Rhetorica V, 1* (Winter, 1987), pp. 59-86]. Most finit cependant par admettre la possibilité d'une certaine symbiose, grâce à la redécouverte et à la réhabilitation en cours de la rhétorique (*l. cit.*, pp. 74-75).
[14] Pour une répartition technique des domaines respectifs de la *sémiotique*, de la *rhétorique* et de l'*herméneutique*, voir le 3e chapitre de mon ouvrage *Théorie de la littérature*, Paris, Picard, 1981, notamment les pp. 55-58.
[15] Pour l'histoire de la rhétorique américaine, cf. Karl L. WALLACE, éd., *History of Speech Education in America*, New York, Appleton-Century-Crofts, 1954. On jugera de la variété des sujets traités et de la définition très large que le terme *rhétorique* reçoit aux Etats-Unis, en lisant le choix de textes proposé par Douglas EHNINGER (*Contemporary Rhetoric, a Reader's Coursebook*, Glenview-Londres, Scott, Foresman et Cie, 1972). Parmi les très nombreux manuels utilisés dans l'enseignement, on citera celui de Edward P.J. Corbett, qui suit la terminologie traditionnelle (*Classical Rhetoric for the Modern Student*, New York, Oxford University Press, 2e éd., 1971) ou encore la tentative de modernisation que Richard E. YOUNG, Alton L. BECKER et Kenneth L. PIKE nous proposent (*Rhetoric : Discovery and Change*, New York, Harcourt-Brace-Jovanovich,

1970). Le livre de Erwin P. BETTINGHAUS et Michael J. CODY, *Persuasive Communication*, New York, Holt-Rinehart-Winston, 4ᵉ éd., 1987), sans se référer explicitement à la rhétorique, constitue également une excellente introduction.

[16] Le traité systématique des figures de style qu'un groupe de chercheurs liégeois publie en 1970 (Groupe Mu) s'intitule en effet *Rhétorique générale* (Paris, Larousse).

[17] Exception : *L'aide-mémoire* de BARTHES, dans *Communications 16* (1970), mais qui reste sans suite.

[18] Genette réédite Fontanier. La systématique la plus élaborée ne provient du reste pas des structuralistes français mais de Heinrich LAUSBERG (*Handbuch der literarischen Rhetorik*, Munich, Max Hueber, 1960). Il faut bien dire que la prédilection manifestée par les structuralistes pour une rhétorique de l'*elocutio* remonte à une tradition séculaire et s'explique par des raisons politico-culturelles. Les éléments les plus importants de l'*inventio*, c'est-à-dire les *lieux* et les *passions*, s'effacent à l'époque classique. Le classicisme repose sur un large consensus idéologique et tait ses lieux ; il se constitue en outre comme une civilisation écrite, ce qui lui fait négliger l'étude de l'*actio*, c'est-à-dire des procédés émotionnels non-verbaux.

[19] Curtius a joué un rôle non négligeable, grâce à ses écrits et à ses amitiés avec des écrivains français comme Gide et du Bos, dans l'élaboration d'une entente franco-allemande et d'un «esprit européen». Voir Raimund THEIS, *Auf der Suche nach dem besten Frankreich*, Francfort, Vittorio Klostermann, 1984.

[20] Voir en particulier Ch. PERELMAN et L. OLBRECHTS-TYTECA, *Traité de l'argumentation, la nouvelle rhétorique*, Paris, Presses Universitaires de France, 1958; Ch. PERELMAN, *L'empire rhétorique - Rhétorique et argumentation*, Paris, Vrin, 1977. Il faut sans doute préciser pourquoi j'ai appelé plus haut cette attitude *existentialiste* : c'est la genèse de la pensée de Perelman qui s'explique par ce contexte d'origine, non pas son élaboration. Il dit lui-même à ce propos : «(...) ma conception de la philosophie se rattache en quelque sorte à l'existentialisme : toute philosophie est l'œuvre d'une personne, d'un philosophe. D'autre part, mon idéal (...) n'est pas existentialiste, il est au contraire rationaliste. C'est justement cette synthèse du rationalisme et de l'existentialisme qui fait l'originalité de ma pensée». («La naissance de la nouvelle rhétorique», in *Ars Rhetorica antica e nuova*, Gênes, 1983, p. 10).

[21] Il existe une association internationale et des centres de recherche spécialisés dans les universités d'Amsterdam, de Bruxelles, de Neuchâtel, etc. Le livre de Frans H. VAN EEMEREN, Rob GROTENDORST et Tjark KRUIGER (*Handbook of Argumentation Theory, a Critical Survey of Classical Backgrounds and Modern Studies*, Dordrecht, Foris, 1987; la bibliographie s'arrête en 1981) constitue une bonne introduction à cette discipline, en présentant de manière critique les principales «autorités» dans ce domaine : Naess, Toulmin, Perelman, etc. En français, on consultera Georges VIGNAUX (*L'argumentation*, Genève, Droz, 1977), Gilbert DISPAUX (*La logique et le quotidien*, Paris, Minuit, 1984) et les travaux de Jean-Blaise Grize et de ses disciples à Neuchâtel.

[22] Bien qu'ils admettent la distinction entre une approche descriptive et une approche normative des argumentations courantes, Van Eemeren etc. semblent tout de même préférer une attitude normative : «The aim of argumentation theory is to distinguish between sound and unsound points of departure and between sound and unsound argumentation schemata; to this end, criteria are systematically formulated which are then applied, or ought to be applied, in the assessment of the soundness of points of departure and argumentation schemata» (*op. cit.*, p. 37). Aussi l'un des principaux reproches que ces auteurs adressent à Perelman, c'est de ne pas distinguer avec précision entre «sound» et «unsound», ce qui est une condition nécessaire «for a reasoned improvement in the practice of arguing» (p. 268). La même chose vaut pour Toulmin, de sorte que les propositions avancées par les deux auteurs les plus écoutés dans cette nouvelle discipline sont paradoxalement celles qui sont les moins utilisables ! Le statut

de Perelman s'avère être finalement très ambigu : tout en ayant relancé une ancienne et aidé à créer une nouvelle discipline, il est trop philosophe pour les rhétoriciens, en général marqués par les traditions littéraires, et trop rhétoricien, trop peu rationnel, aux yeux des adeptes de la théorie de l'argumentation.

[23] Voir mon étude «La rhétorique des passions et les genres», in *Rhetorik 6 : Psychologie und Rhetorik*, 1987, Tübingen, Niemeyer, pp. 67-83.

[24] Cf. *Rhétorique I*, 1354 b 16.

[25] Michael CAHN, *op. cit.* (à la note 9), p. 28.

[26] Dans ce qui précède, j'ai repris certains passages de mon article *Lieux, passions, figures* paru dans *L'intelligence du passé, Mélanges offerts à Jean Lafond* (Université de Tours, 1988), pp. 241-247.

[27] Art. cité (à la note 20), p. 20.

[28] C'est notamment l'attitude de Port-Royal.

[29] Cité d'après P. JEHN, éd., *Toposforschung*, Francfort, 1972, p. 42. Pour Charles BENOIT (*Essai historique sur les premiers manuels d'invention oratoire jusqu'à Aristote*, Paris, 1846; reprint Paris, Vrin, 1983, p. 94) la topique d'Aristote est un «cadre presque infini»; il ajoute plus loin (p. 101) : «ce qui est impossible aujourd'hui dans le monde infini et complexe de la pensée moderne, était praticable alors : on put songer en Grèce à dresser une table complète des généralités oratoires, propres à éclairer toute idée de détail (...)»

[30] W.A. DE PATER, «La fonction du lieu et de l'instrument dans les Topiques», in G.E.L. OWEN, éd., *Aristotle on Dialectic*, Oxford, Clarendon, 1968, p. 164. Voir aussi, du même auteur, *Les Topiques d'Aristote et la dialectique platonicienne*, Fribourg, Saint Paul, 1965.

[31] *Shakespeare's Use of the Arts of Language*, 3ᵉ éd., New York, Hafner, 1966, p. 360.

[32] Ma première catégorie correspond à peu près aux *prémisses générales* (trad. M. Dufour) du premier livre de la *Rhétorique* (1359 a) et aux lieux examinés au troisième livre des *Topiques* d'Aristote. Ma perspective étant celle de l'établissement d'une entente, j'insisterais en particulier sur la nature *implicite*, souvent non consciemment perçue par le destinataire, de ce lieu. Pour le lieu implicite *le plus/le moins*, voir Hans Georg COENEN, «Der aristotelische Topos aus dem Mehr und Weniger», in A. ARENS, éd., *Text-Etymologie, Untersuchungen zu Textkörper und Textinhalt, Festschrift für Heinrich Lausberg zum 75. Geburtstag*, Wiesbaden, Steiner, 1987, pp. 74-89.

[33] *L'Essay des Merveilles* d'Etienne Binet (1621, rééd. par L'Association du Théâtre de la Ville d'Evreux, 1987) est le plus célèbre, pour l'époque baroque, d'un recueil — à l'usage des orateurs! — de tels lieux-communs descriptifs.

[34] *La rhétorique françoise*, nlle éd., Amsterdam, 1669, p. 161.

[35] *Ethique de Nicomaque*, Trad. J. Voilquin, Paris, Garnier-Flammarion, 1965, p. 256.

[36] Il serait particulièrement intéressant, d'étudier ce système des six lieux en rapport avec les auteurs que les manuels désignent comme des «Moralistes» : La Rochefoucauld, La Bruyère, Vauvenargues. C'est que, pris de manière isolée, leurs maximes et leurs portraits, qui revêtent donc la forme des *lieux configurationnels de comportement*, ne font pas partie d'un raisonnement : ils établissent un terrain d'entente, comme *L'Essay des Merveilles* d'Etienne Binet. C'est de la matière brute, qui n'acquiert une pertinence argumentative que si elle est contextualisée : citée dans un autre texte («comme dit La Rochefoucauld» : ...) ou mise en rapport avec les autres maximes et portraits du même recueil.

[37] Tout en admettant l'«unscharfe Unterscheidung» dans l'Antiquité, Dyck critique Curtius pour qui «puer senex» n'est pas un *lieu formel* des contraires mais un lieu-commun du contenu (émerveillement devant la sagesse d'un jeune) donc un *lieu explicite*. (Cf. Joachim DYCK, *Ticht-Kunst, Deutsche Barockpoetik und rhetorische Tradition*, Bad Homburg, Gehlen, 1966, p. 174). Pour l'essor de la recherche, particulièrement sensible

en Allemagne, on consultera D. BREUER - H. SCHANZE, éd., *Topik*, Munich, Fink, 1981. Notons enfin que, pour certains psychologues, les lieux figurent parmi les composantes de la cohérence textuelle : « a discourse is generally organized around settings, arguments, or situations which are already known about to some extent by a person who can read or understand it. (...) An important function of the early part of any discourse will be to enable a successful search for a referent situation, a ‹scenario›, in the memory of the reader». [S.C. GARROD et A.J. SANFORD, «The mental representation of discourse in a focussed memory system», in *Journal of Semantics 1, 1* (1982), p. 22].

[38] «Les couples philosophiques», in *Revue internationale de philosophie 127-128* (1979), p. 90.

[39] Je remercie Inge Serné qui, dans le cadre d'un séminaire sur l'épopée, a recensé l'ensemble des maximes dans *La Franciade*.

[40] *Le Cid* et *Horace* peuvent être rangés dans cette catégorie, mais, contrairement à Jacques Morel, je ne crois pas que la majorité des tragédies relèverait du judiciaire. Voir son étude «Rhétorique et tragédie» in *XVIIe Siècle 80-81* (1968), pp. 89-105.

[41] Voir à ce sujet l'étude classique de Th.C. BURGESS, «Epideictic Literature», in *Studies in Classical Philology 3* (Chicago, 1902), pp. 89-261.

[42] Cf. Roland BARTHES, art. cité à la note 17, p. 210.

[43] Une telle enquête serait extrêmement difficile parce que, entre lieux formels, la cloison n'est pas toujours étanche. Voir mon *Rhétorique et Littérature*, Paris, Didier, 1970, pp. 51-52.

[44] Je pense notamment à Olivier Reboul qui dans son excellente introduction semble vouloir postuler — mais ceci n'est pas tout à fait clair — une quatrième situation, celle de la publicité (*La rhétorique*, Paris, Presses Universitaires de France, 1984, pp. 95-98). Malgré la brièveté du texte et l'apport des éléments visuels, malgré une argumentation fort rudimentaire — tous des traits qui spécifient, selon Reboul, la publicité — celle-ci relève à mes yeux nettement de la situation délibérative.

[45] Peter VAN DER ZWAAL, «A rhetorical Approach to Psychoanalysis», in *Rhetorik 6 : Rhetorik und Psychologie*, Tübingen, Niemeyer, 1987, p. 136.

[46] Le rôle de la rhétorique est fort complexe et ambigu dans la littérature de la modernité. Voir à ce sujet le brillant article de Michel BEAUJOUR («Rhétorique et littérature», in Michel MEYER, éd., *De la métaphysique à la rhétorique*, Ed. de l'Université de Bruxelles, 1986, pp. 157-174). Pour le rôle des lieux en tant que clichés, en particulier dans la littérature du XIXe et du XXe siècle (Chateaubriand, Balzac, Sartre, Camus), voir R. AMOSSY et E. ROSEN, *Le discours du cliché*, Paris, CDU-Sedes, 1982.

[47] Le terme, on le sait, possède encore une seconde acception, celle d'un syllogisme «mutilé», à deux termes. Pour des raisons de force dramatique, on supprime souvent la prémisse majeure qui contient une vérité très connue et donc banale.

[48] Par exemple chez Al-Fárábi.

[49] VAN EEMEREN e.a., *op. cit.* à la note 21, pp. 65-69.

[50] C'est ce qui arrive dans l'article, par ailleurs riche et intéressant, de Konrad WIEDEMANN («Topik als Vorschule der Interpretation» in BREUER-SCHANZE, *op. cit.* à la note 37, pp. 233-255), lorsqu'il entend démontrer sur l'exemple du *Werther* de Goethe l'actualité d'une analyse topique, qui est en réalité à mon avis, thématique : «Näheren wir uns dem ‹Fall› Werther mit Hilfe der alterprobten Sachtopik, so scheint der Topos ‹a loco› spontan fündig zu sein (deutsche Provinz als Schicksal), der Topos ‹a causa› zumindest noch ausgeschöpft (Richardsons und Rousseaus Koppelung der Gefühlsemanzipation mit der Familienmoral ; Werthers Vaterlosigkeit). Noch ergiebiger erweist sich, aus naheliegenden Gründen, die Personaltopik : ‹genus› (die Distanz zur eigenen Familie), ‹natio› (die nationale Indifferenz Werthers), ‹sexus› (Werthers Abweichen von der zeittypischen Geschlechtsrolle), ‹educatio› (der Hochgebildete ohne angemes-

sene Öffentlichkeit), ‹conditio› (der Bürgerliche ohne berufliche Orientierung), ‹animi natura› (das Einsamkeitstrauma des Genies). Hinter jedem dieser Aspekte — es sind nur die ungeläufigen oder wenigstens unverbrauchten — verbirgt sich eine Wahlentscheidung des Autors, nämlich der Anschluss an oder der Widerspruch gegen spezifische zeitgenössische Tendenzen» (p. 249).

[51] Voir B. BEUGNOT, «Florilèges et Polyantheae, diffusion et statut du lieu commun à l'époque classique», in *Etudes françaises 13* (1977).

[52] «Oratio, quae non habet unam simplicem sententiam, nihil certi docet» (cité d'après Uwe SCHNELL, *Die Homiletische Theorie Philipp Melanchthons*, Hamburg, 1968, p. 49, note 65).

[53] Leo Spitzer aura été l'un des rares critiques à s'opposer nettement à cette tradition.

[54] La terminologie reste nécessairement imprécise : le vers 6 présente un terme («son malheur») qui est ensuite *défini* par une *division* en parties ou par une *énumération* subjective (d'aspects de la vie du personnage).

[55] Selon Fontanier, c'est une figure de pensée, «qui a pour objet les mœurs, le caractère, les vices, les vertus, les talens, les défauts, enfin les bonnes ou les mauvaises qualités morales d'un personnage réel ou fictif». (*Les figures du discours*, Paris, Flammarion, 1968, p. 427).

[56] Que l'on songe par exemple aux travaux de Miriam Joseph, de Heinrich F. Plett ou de Brian Vickers, qui concernent tous la littérature anglaise de la Renaissance.

[57] Voir à ce propos mon article «Pour une histoire intertextuelle de la littérature» in *Degrés XII* (39-40), 1985.

[58] Jean-Paul SERMAIN, *Rhétorique et roman au dix-huitième siècle*, Oxford, Voltaire Foundation, 1985, p. 1.

[59] Ma phrase semble renvoyer à l'interprétation que Maurice Blanchot donne de ce roman, dans sa célèbre préface. La critique formulée par Yves BONNEFOY (*Nouvelle Revue Française*, juillet/août 1986) qui démêle dans le texte les traces «d'un monde comme présence» (p. 31), n'exclut pas pour autant le caractère — et l'interprétation — essentiellement rhétorique de *Le Bavard*. (L'essai est repris dans : Yves BONNEFOY, *La vérité de parole*, Paris, Mercure de France, 1988, pp. 115-259).

[60] Une telle histoire devrait tenir compte, afin d'être fidèle à toute la complexité de la tradition rhétorique, des recherches sur l'histoire culturelle, politique et religieuse de l'éloquence, comme celle entre autres, de Marc FUMAROLI (*L'Age de l'Eloquence*, Genève, Droz, 1979), de Hans Ulrich GUMBRECHT (*Funktionen parlamentarischer Rhetorik in der Französischen Revolution*, Munich, Fink, 1978) ou de Frank Paul BOWMAN (*Le discours sur l'éloquence sacrée à l'époque romantique*, Genève, Droz, 1980).

Illustrations

Pl. 1. *Saint François d'Assise*, Basilica Santa Croce, Florence.

Pl. 2. Zurbaràn, *Le bienheureux Henri Suso*, Museo Provincial de Bellas Artes, Séville.

IV

Pl. 3. *La Tenture de saint Remi*, 1er tableau : la Naissance.

Pl. 4. Escher, *La rencontre*, Cordon Art, Baarn.

Pl. 5. Bonsignori, *Apollon et Daphne*, Villa I Tatti, Florence.

Pl. 6. Benozzo Gozzoli, *La danse de Salomé*, National Gallery, Washington.

Pl. 7. Sassetta, *Saint Antoine rencontre saint Paul*, National Gallery, Washington.

Pl. 8. Poussin, *La manne au désert*, Musée du Louvre, Paris.

Pl. 9. Rembrandt, *Le festin de Balthasar*, National Gallery, Londres.

X

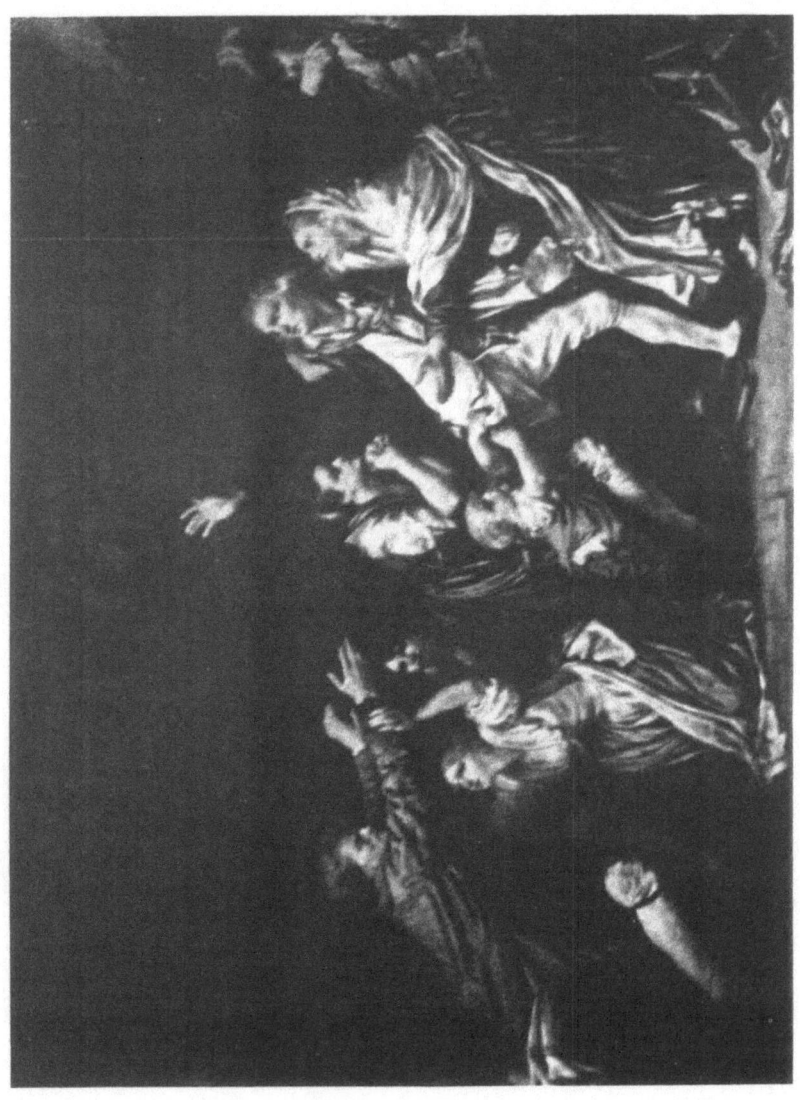

Pl. 10. Greuze, *Le fils ingrat*, Musée du Louvre, Paris.

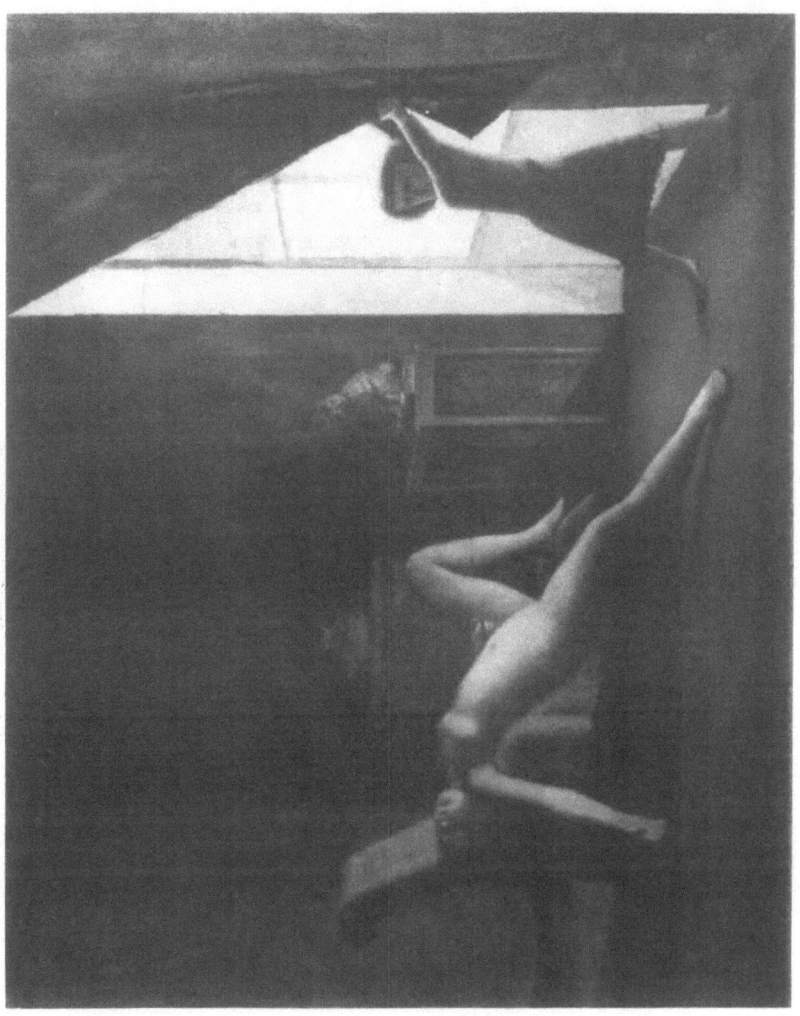

Pl. 11. Balthus, *La chambre*, Rome, Collection particulière.

XII

Pl. 12

Pl. 13

XIII

Pl. 14

Pl. 15

Pl. 12-15. Quatre illustrations de *La mort et le bûcheron* : Chauveau, Grandville, Doré, Moreau.

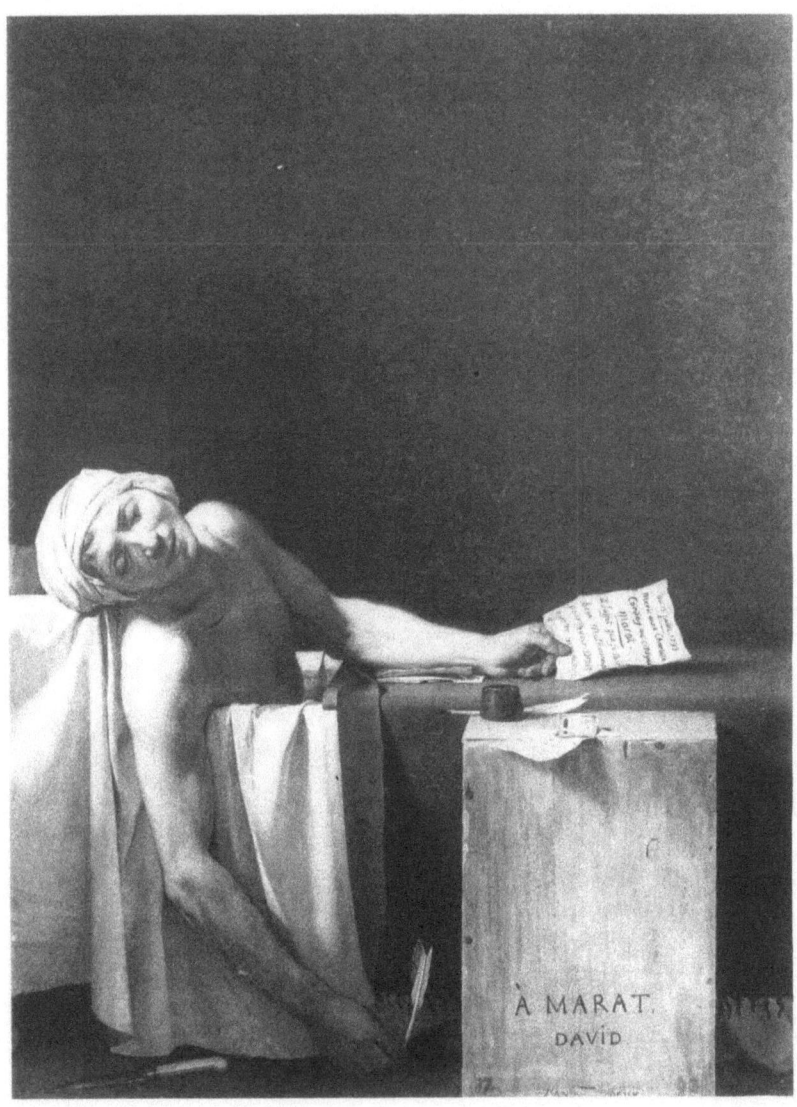

Pl. 16. David, *La mort de Marat*, Musée du Louvre, Paris.

Pl. 17. Gontcharov, *La mort de Marat*, Galerie Tretiakov, Moscou.

III. Récit

ARTIFICE ET SAVOIR

Nous avons constaté au chapitre précédent que l'une des deux grandes sources historiques de la littérature, c'était «l'éloquence»; nous ajoutons maintenant que l'autre source, c'est le récit. Je pense aux innombrables contes, mythes et — à un niveau résolument sécularisé — anecdotes qui fonctionnent et qui sont transmis de bouche en bouche dans toutes les communautés du monde. Ici et là, l'oralité précède l'écriture, mais l'analogie s'arrête aussitôt. Qu'il soit spontané ou prémédité et appris par cœur, le discours oral est un fait individuel tandis que le récit, quand on le raconte, est déjà répété : il repose sur des configurations immémoriales.

Le récit est sans doute une catégorie textuelle plus archaïque que le discours; il précède celui-ci, comme la poésie précède la prose[1]. Comme la poésie, le récit suit un certain nombre de contraintes, qui ne nous semblent naturelles que parce qu'elles sont plus cachées que les contraintes de la prose argumentative. En réalité, le récit est une forme sophistiquée et artificielle de la communication, mais l'homme se l'est créée il y a si longtemps qu'il a réussi à oublier sa vraie nature. Dans les communautés primitives, le savoir se transmet par la voie narrative, c'est ce qui sacralise le récit; mais au moment où, dans la civilisation occidentale par exemple, une partie du savoir — celle, notamment, que nous avons l'habitude d'appeler «scientifique» — se détache du récit pour se donner un autre langage, le récit se trouve déconsidéré comme quelque chose de « simple » : le savoir qu'il véhicule est déconsidéré du même coup, les nouvelles et les anecdotes ne nous transmettent pas une connaissance scientifique qui concerne la vérité mais tout au plus une expérience du vécu qui concerne la réalité. Ce discrédit qui frappe en littérature les formes narratives en prose[2] a contribué à oblitérer définitivement le caractère hautement artificiel du récit : puisqu'il appartient au peuple, il ne peut être que naturel. La critique littéraire classique entend ignorer les genres narratifs en prose : la nouvelle n'existe guère pour elle et le roman sera considéré, malgré le prestige d'Héliodore, de Cervantès, de d'Urfé et malgré les tentatives de le définir « noblement » comme « une épopée en prose », jusqu'à la fin du XVIIIe siècle comme un genre mineur qui ne peut faire les délices que des « femmes de chambre »[3].

Si l'on assiste depuis un certain temps à une revalorisation du récit, c'est que l'on a cessé de n'y voir qu'un passe-temps superficiel : comme tout autre texte, le récit semble bel et bien fonctionner comme un moyen de communication permettant la persuasion aussi bien que la transmission d'un savoir. C'est dire que le récit peut et doit être contextualisé exactement comme le discours ; telle situation demande un plaidoyer, telle autre un conte de fées ou une anecdote. Ce qui nous a sans doute fait oublier cette vérité, c'est que la poétique, qui se limite à l'étude du texte littéraire, n'avait développé aucune réflexion équivalente à celle de la rhétorique sur les trois *genera causarum* : les termes *délibératif, judiciaire et épidictique* désignent trois situations de base relativement concrètes, mais ni les poéticiens ni les ethnosociologues ne semblent avoir élaboré quelque chose de semblable — et d'aussi généralisable — pour le récit. Distinguer les situations narratives est du reste une tâche sans doute considérablement plus difficile, l'un des artifices du récit étant, précisément, de cacher ses intentions et de ne guère contenir des allusions de nature pragmatique. Le discours s'adresse explicitement à quelqu'un ; le récit ignore, quant à sa forme, son destinataire : en fait, il l'implique.

La revalorisation moderne du récit est un phénomène extrêmement complexe[4]. Le romantisme esquisse un double mouvement d'une profonde signification : d'une part, il se met à la recherche des récits populaires du monde entier qui permettent — parallèlement à d'autres disciplines comme la musicologie ou l'étymologie — de retourner aux sources, au fonds commun de la civilisation de l'humanité, et d'autre part, il proclame — que l'on songe à Novalis et à Friedrich Schlegel — le roman, à l'autre extrémité de l'histoire narrative du monde, comme une apogée, comme la forme littéraire la plus riche et qui exprime par conséquent le mieux la vie moderne. Ajoutons toutefois que cette conception totalisante du roman, qui annonce celle de Bakhtine, n'a pas été généralement acceptée ; celle qui triomphe, c'est plutôt la conception pessimiste et désabusée de Hegel et de Lukàcs qui font du roman l'instrument critique d'une société abandonnée par les dieux. Le récit romanesque devient ici le véhicule, non pas d'un savoir commun accepté et partagé par le lecteur, mais d'un savoir critique qui crée une distance, qui sépare le lecteur de ce qu'il lit. Il faudra attendre les thèses de René Girard pour que le récit romanesque — même celui qui relève du «réalisme critique» cher à Lukács — puisse être considéré de nouveau comme le véhicule d'un savoir, critique certes, mais commun et partagé.

Dans ces conditions, il n'est pas étonnant de constater que la revalorisation moderne du récit commence à l'autre extrémité, du côté des folkloristes[5]. A la suite des romantiques, les ethnologues de l'école de Finlande cherchent à reconstituer la hiérarchie pyramidale des contes, dans l'espoir de retrouver pour chacun la version première[6] — exactement comme certains linguistes romantiques espéraient retrouver, en reculant derrière les langues mortes et vivantes, le langage adamique. Cette recherche de l'unité caractérise encore le travail du grand critique de l'école de Finlande, Vladimir Propp : l'unité verticale est remplacée ici par une unité horizontale, c'est-à-dire par l'exigence beaucoup plus radicale qui consiste à postuler l'unité fondamentale de l'univers narratif : il n'y a dans le monde, partout et toujours, qu'un seul récit[7]. Cette formidable ambition unificatrice ne peut être soutenue qu'au prix de certains sacrifices, l'unité ne sera visible qu'à un très haut niveau d'abstraction. Les structuralistes les plus durs sont par conséquent obligés de renoncer à examiner le problème du sens. Les récits primitifs chers aux folkloristes de la première heure devaient apporter des renseignements sur le mode de penser et d'agir de l'humanité dans ses origines ; retrouver le récit premier, c'était retrouver le sens originel. Le récit unique d'un certain structuralisme est, en revanche, un récit qui ne renvoie à rien, il est une structure dénuée de sens.

Il faut bien dire que ce radicalisme abstrait n'existe guère, à l'intérieur des divers courants structuralistes, que sous forme d'une éternelle tentation : tous admettent — que l'on pense à Todorov, à Dundes, à Greimas et même au plus «abstrait», Claude Bremond — un minimum de sémantisation des structures : des termes tels que *équilibre/déséquilibre, interdiction/violation, amélioration/dégradation* ne peuvent pas être utilisés, si abstraits qu'ils soient, sans un engagement sémantique et contextuel. Dès que les structures sont tant soit peu sémantisées, on ne peut plus postuler l'unité de tous les récits du monde sans avoir admis, au préalable, certains universaux du comportement humain. Autrement, la culture domine la nature et la sémantisation limite la portée de la théorie : les règles de la narration ne sont valables qu'à l'intérieur de telle communauté culturelle.

Parmi les différentes approches structuralistes il y en a une en particulier qui semble échapper à ce reproche de négliger le sens : c'est celle de Greimas, élaborée en particulier par ses élèves lyonnais[8]. L'approche greimasienne, qui distingue pour chaque récit les quatre composantes de la *manipulation*, de la *compétence*, de la *performance* et de la *sanction*, implique non seulement une densité sémantique, puisque les quatre composantes entretiennent des rapports très étroits, mais elle intègre dans le système — par la création d'une composante *sanction* — un élément de valeur : le sens aboutit à un jugement, le récit, avant de prendre fin, trace une ligne que le lecteur reprend ensuite à son tour. La *sanction* préfigure le jugement auquel est invité le lecteur. Il me semble par conséquent que la méthode greimasienne échappe à la critique formulée à l'égard des recherches structuralistes, dans la belle étude de Janet L. SMARR : «The reader is making a judgment not of composition but of values in determining (...) a plot. (...) readers are in fact looking in fiction for statements about the world (...) the importance of those statements contributes not only to the reader's interest in a plot but to the very definition by which he recognizes it as a plot at all»[9]. L'intrigue narrative se constitue grâce au jugement de valeur, elle en est inséparable.

L'étude structurale du récit se réduit souvent à l'étude de l'*intrigue* : au lieu d'analyser le texte narratif, la critique ne s'intéresse qu'à la séquence d'événements verbalement représentés. La recherche structuraliste se trouve ici en face de deux problèmes considérables et complémentaires. Si la recherche est uniquement braquée sur l'intrigue, elle néglige nécessairement une partie du texte, les passages non-narratifs ; mais comment retrancher le non-narratif dans un récit, y a-t-il vraiment du non-narratif ? Le récit peut-il contenir des éléments indifférents ou hostiles à son fonctionnement ?

Labov et Waletzky ont distingué, dans une étude célèbre, les passages amovibles et les passages inamovibles (= l'intrigue proprement dite) dans certains récits oraux plus ou moins spontanés. La question est cependant de savoir si ces résultats peuvent être transférés dans le domaine de récits situalisés — c'est-à-dire racontés dans des circonstances et selon des conditions sociales précises —, comme le conte de fées, ou dans celui des récits écrits : la mobilité de certaines phrases à l'intérieur d'un récit est un signe de l'oralité et ne permet pas de distinguer entre l'intrigue proprement dite et les phrases qui n'ont qu'une valeur descriptive, stylistique ou redondante[10].

Si une distinction précise entre les phrases narratives proprement dites et les autres phrases d'un récit s'avère problématique, l'enquête structuraliste se voit obligée de recourir, afin de «distiller» l'intrigue, à l'établissement d'un *résumé*. La «grammaire narrative», qui décrit la suite régulière de séquences à l'intérieur d'un corpus donné — le conte de fées russe, les nouvelles du *Décaméron*, etc. —, travaille nécessairement, non pas sur des textes entiers mais sur des résumés établis préalablement par le critique désireux de créer une telle grammaire. Ce résumé n'est pas objectif, il n'existe pas une intrigue pure et absolue : «whenever we start to cut back, peel off, strip away, lay bare (...), we always do so in accord with certain assumptions and purposes», écrit Barbara Herrnstein Smith dans une critique violente des positions structuralistes traditionnelles — celle de Bremond et de Chatman en particulier — et elle ajoute qu'elle ne voit aucune différence de principe entre traduction et adaptation d'une part et les résumés et les interprétations offertes par les critiques littéraires d'autre part[11].

Ainsi, nous devons conclure que la narratologie structuraliste se heurte par deux fois au problème du sens : du côté du destinataire, qui ne reconnaît une intrigue comme telle que si elle implique un jugement de valeur — mais aussi du côté du destinateur, qui ne réussit pas à établir des résumés purs et introduit malgré lui un sens dans son résumé de l'intrigue[12].

C'est sur cette critique que se greffe la réhabilitation actuelle du récit dans de nombreuses disciplines. A son début, c'est-à-dire au cours des années soixante-dix, la narratologie structuraliste a toutefois connu une autre évolution. Les résultats furent repris et réexaminés, notamment aux Etats-Unis, par des psychologues qui s'intéressaient aux mécanismes de la mémoire, à la question de savoir ce que le cerveau retient dans un récit[13]. Le structuralisme semblait fournir un outil qu'il s'agissait d'adapter aux enquêtes menées par la psychologie cognitive ; celle-ci pourrait confirmer, en reprenant à son compte les méthodes développées par Propp ou Greimas, l'existence de constantes narratives : l'âme reflète exactement ce que les ethnologues et les linguistes avaient trouvé. Ensuite, dans une phase ultérieure, la construction d'une «grammaire du récit» doit permettre de simuler dans un ordinateur le comportement interprétatif du destinataire : les constantes narratives deviennent des éléments importants dans le réseau de l'intelligence artificielle.

Lors de la construction de telles grammaires — que l'on songe par exemple à celle de Rumelhart — un problème très banal allait se poser dans toute son acuité : les séquences narratives ne constituent pas nécessairement des récits. Wilensky[14] cite l'exemple suivant : un homme a faim, il entre dans un restaurant, commande un repas, le mange, paye, puis s'en va. Cette séquence qui possède pourtant trois (sinon quatre, c'est-à-dire toutes) des composantes greimasiennes, ne constitue pas en soi un récit, puisqu'elle ne *mérite* pas d'être racontée : autrement dit, le destinateur ne croit pas pouvoir éveiller la curiosité du destinataire en lui racontant cette séquence. Comme pour les textes argumentatifs, il y a un seuil topique de la banalité qu'il s'agit de dépasser : mais le caractère spécifique et artificiel du récit exige que le problème soit posé ici en d'autres termes. Le discours, nous l'avons déjà dit, contient toujours des éléments pragmatiques qui permettent même aux lecteurs des générations futures de s'en imaginer sans difficulté le contexte social; ceci ne vaut pas pour le récit : il est plus malaisé de «postuler» le public d'Homère ou de Voltaire que celui de Démosthène ou de Bossuet. Pour qu'une séquence d'événements racontés se transforme en récit, il faut lui *inventer* un contexte : pour l'exemple cité par Wilensky, on s'imagine par exemple comme contexte approprié une région ravagée par la famine, c'est-à-dire la surprise.

Contextualiser, c'est-à-dire imaginer — il faut bien utiliser ce terme scientifiquement suspect — un contexte n'est pas le seul moyen de faire d'une séquence narrative un récit. Cet élément décisif est en général intégré au texte même : ce peut être en effet une surprise, un dénouement inattendu, mais souvent sa présence est sensible également en d'autres endroits du texte. Pour en rendre compte, l'école de Greimas propose de distinguer, dans un récit, le couple antithétique du *programme* et de l'*antiprogramme* narratifs et Wilensky élabore, en opposition aux «story-grammars» indifférentes à la pragmatique, un système de «story-points», c'est-à-dire une grammaire narrative formalisable qui privilégie les moments du récit susceptibles de retenir l'intérêt des destinataires[15].

Les enquêtes formalistes — qu'elles aient lieu dans le sillage de l'ethnologie ou de la linguistique mathématique — ne parviennent pas à esquiver le problème du sens. C'est dire que la réhabilitation du statut du récit, qui est en cours dans de nombreuses disciplines à l'heure actuelle, ne peut pleinement réussir que si elle tient délibérément compte dans son travail des trois instances narratives : le narré ne doit être amputé ni de son narrateur ni de son narrataire. Exigée dès les années soixante-dix par les critiques du structuralisme[16], cette réintégration est centrale dans les études d'anthropologie et de sociolinguistique. Là où dans les traditions linguistique et rhétorique le triangle communicationnel « destinateur-message-destinataire » est en fait connu depuis Aristote (et perfectionné par Bühler, Jakobson, etc.), il est curieux de constater que dans le cas particulier du récit, l'intérêt de ce triangle semble avoir été sous-estimé pendant longtemps. C'est en insistant sur le fonctionnement des mythes et contes dans les communautés archaïques et sur celui des anecdotes dans les sociétés modernes[17] qu'anthropologues et sociologues ont rendu au récit ce contexte social que les trois situations rhétoriques confèrent depuis toujours au discours (argumentatif).

Nous verrons plus loin — voir la partie intitulée « les trois questionnements narratifs » — que, du point de vue du message, la situation rhétorique et la situation narrative sont dans une certaine mesure comparables. Du point de vue pragmatique cependant, c'est-à-dire de celui qui s'étend, au-delà du message, à ses usagers, des différences significatives subsistent. La rhétorique distingue entre producteur et récepteur et, pour le genre judiciaire, entre accusateur et défenseur, là où la narratologie anthropologique insiste davantage sur l'interchangeabilité des trois instances : le narrataire accepte le message narré, non seulement parce que les actants de celui-ci lui semblent familiers mais aussi parce que, le cas échéant, il pourrait se trouver à la place du narrateur. Le conte ou l'anecdote répétés, en tant qu'objets culturels, deviennent des textes appris et répétables : le narrataire se transforme en narrateur. Mais pour que la position précise des postes puisse s'effacer à un tel degré, il faut que narrateurs et narrataires n'aient pas le sentiment de s'opposer comme le font le producteur et le récepteur d'un discours. Le récit est un objet toujours identique, celui qui le raconte ne le crée pas, il le transmet à d'autres, à des générations futures.

Le texte qui ne s'invente pas mais qui est déjà là et que celui qui parle ne fait que transmettre, véhicule un message si profondément ancré, comme vérité ou comme désir, dans la mémoire collective, qu'il peut compter sur l'approbation ou la joie de tous. Il n'a pas besoin d'être individualisé, d'avoir un auteur identifiable. Le récit étudié par les anthropologues — mythes et anecdotes donc, plutôt que des récits littéraires — répond à ces besoins fondamentaux dont le plus important serait, selon Volker Klotz, le désir d'échapper à la mort[18].

Si le récit répète, révèle les désirs collectifs, il est tentant de postuler que celui qui étudie les désirs particuliers des individus cherche à arranger les éléments de la vie d'un individu de telle sorte que ceux-ci produisent un récit. Les événements d'une vie individuelle seront organisés de telle sorte qu'ils constituent un récit personnel qui ressemble à un récit mythique et collectif. C'est en particulier le cas — Paul Ricoeur attire l'attention là-dessus[19] — des récits présentés à un tribunal et des récits psychiatriques. Pour rendre la culpabilité ou l'innocence d'un accusé vraisemblables, le procureur et l'avocat sélectionnent différents événements dans la vie de celui-ci et construisent avec eux un récit biographique qui servira d'argument juridique. Le psychiatre et son malade travaillent, eux aussi, à la fabrication d'un récit ; ici, il ne s'agit pas d'opposer mais au contraire de faire converger les récits. Les événements que le malade raconte, pendant la cure, à son médecin, doivent finalement trouver une place et une fonction dans le récit proposé à la fin par le médecin à son malade, dans l'espoir de le guérir[20].

Par son immense puissance mythique, le récit permet de donner aux expériences individuelles un sens général qui les dépasse. Mais il n'y a pas que les récits anonymes et collectifs qui ont cette valeur de *réponse*, cette qualité d'absorber et de satisfaire les désirs et les questions. Les récits littéraires, en particulier les romans, ont une valeur analogue. Les réponses de caractère métaphysique — le «mariage» obligatoire à la fin comme défi à la mort — que les premiers romans (*Les Ethiopiques, l'Amadis, Les Travaux* de Cervantès, *L'Astrée*) proposaient, se trouvent brutalement renversées dès le *Don Quichotte*[21] et dès *La Princesse de Clèves* : en fait, toute la tradition romanesque européenne consiste à démasquer le roman ancien, ce qu'elle considère comme la métaphysique facile du roman grec, du roman médiéval et du roman baroque : depuis plus de trois cents ans, tout roman est un anti-roman[22]. Dans ces conditions il n'est pas étonnant que, pour Lukács, le roman exprime l'immense désenchantement de l'homme moderne, que la réponse que, d'après lui, il offre au lecteur soit celle d'une critique désabusée. A la métaphysique du couple et du bonheur se substitue l'échec sordide de l'individu.

L'analyse hégélienne et marxiste de Lukács implique un message et un sens ; le roman véhicule un savoir. Et c'est le mérite de René Girard d'avoir proclamé, quarante ans après *Die Theorie des Romans*, en pleine effervescence formaliste, l'importance du contenu et du dénouement romanesques. Le savoir proposé par le roman moderne — Girard rejoint sur ce point Lukács — est un savoir sécularisé : depuis *Don Quichotte*, le roman ne fait que dénoncer la toute puissance du désir inauthentique. D'Héliodore à Proust, les questions et les réponses ont radicalement changé. Le roman moderne semble enseigner à son lecteur à la fois la mort de Dieu et la nécessité de démasquer un monde sans Dieu.

Comment caractériser le savoir que le récit semble être appelé à transmettre ? Ce n'est pas un savoir scientifique au sens strict et positiviste de ce terme, mais plutôt un savoir humain, une accumulation et un prolongement des expériences du lecteur : du vécu élargi et confirmé. Qu'il s'agisse d'une expérience facilement assimilable, comme dans le roman réaliste, ou d'une expérience lointaine qu'on ne peut mimer et simuler que dans l'imagination, comme c'est le cas des contes de fées, le récit permet de multiplier notre connaissance du monde et de reconnaître nos désirs. Le savoir est donc d'ordre psychologique et éthique : notre comportement est déterminé par les récits qui nous traversent. La philosophie contemporaine (Ricoeur, Mc Intyre) tient à définir l'homme comme un « animal à récits » sans toutefois accepter entièrement les intuitions du phénoménologue Wilhelm Schapp : selon lui le sujet ne perçoit et n'apprend le monde extérieur que dans un devenir et ce devenir lui apparaît, il l'organise, comme récit. Nous faisons tous partie d'innombrables récits, notre seule certitude c'est d'être narré. Ce que nous appelons « essence » ou « caractère », c'est ce que l'activité intellectuelle distille ensuite des récits, leur enlève[23]. Contrairement à Ricoeur, pour qui le récit nous apprend à vivre, et à Mc Intyre, selon lequel le récit nous apprend à juger, la position de Schapp est si radicale qu'elle l'empêche de distinguer suffisamment l'englobant et l'englobé. L'homme n'est pas seulement pris dans le lacis des récits qui le créent, il les utilise aussi : les récits fonctionnent pour lui comme arguments et comme réponses.

Le lecteur attentif aura constaté que, dans les pages qui précèdent, nous avons essayé de passer en revue, tout en présentant un certain nombre de problèmes narratologiques, les différentes tentatives de revaloriser le récit. Les deux premières, celle du structuralisme et celle de la psychologie cognitive, marquées par une ambition techniciste, semblent, après coup, fonctionner surtout comme repoussoirs par rapport aux autres tentatives qui, elles, privilégient la relation entre récit et expérience humaine : l'anthropologie, la psychiatrie, la sociologie du roman et la philosophie considèrent en effet que le récit est un véhicule indispensable du savoir, d'un certain type de savoir que l'on ne néglige pas impunément. Une telle réhabilitation n'est pas sans analogies avec celle que Perelman avait entreprise, comme nous l'avons vu, en faveur de la rhétorique : dans les deux cas, il s'agit de l'immense domaine du vécu que, à cause de son statut scientifique incertain, la tradition intellectuelle de l'Occident avait, pendant des siècles, tendance à mépriser. Nous nous sommes rendus compte depuis peu de temps seulement que toute autorité scientifique aboutissant à des systèmes de vérités doit être finalement portée par une croyance, comme par exemple l'idéologie du Siècle des Lumières, et que de telles croyances — Lyotard l'a montré — se laissent de préférence formuler sous une forme narrative.

LES TROIS QUESTIONNEMENTS NARRATIFS

Les six disciplines qui ont si puissamment contribué à la revalorisation actuelle du récit, ne s'intéressent pas toutes aux mêmes types de narration. Les textes qui leur servent d'exemples sont en effet très différents. Ainsi, dans l'état actuel des recherches, la psychologie cognitive privilégie les anecdotes tirées de la vie quotidienne, tandis que le structuralisme et l'anthropologie se tournent plutôt du côté des contes et mythes. Et là où la sociologie littéraire étudie de préférence des unités plus vastes comme le roman, la psychiatrie utilise et construit des récits auto-biographiques.

Il est sans doute possible d'établir un classement des récits, non pas seulement d'après les critères traditionnels de forme et de contenu, tels qu'ils sont utilisés dans les manuels d'histoire littéraire[24], mais aussi d'après les questions qu'ils impliquent. S'il est vrai, selon Michel Meyer, que chaque texte est une réponse déguisée à un questionnement, il convient de se demander à quels et à combien de types de questions les récits répondent. Il me semble qu'il n'existe fondamentalement que trois types de questionnements narratifs : ils concernent *le faire, le vivre,* et *l'être.*

Le premier type de question auquel les hommes aiment, dans certaines conditions, obtenir la réponse sous forme d'un récit, peut être formulé ainsi : comment dois-je me comporter dans la vie quotidienne ? que faire pour réussir dans la société ? La plupart des plaisanteries et des anecdotes que se racontent les hommes relèvent sans doute de ce type. Nous obtenons des renseignements instructifs sur nos amis ou nos supérieurs, nous apprenons comment d'autres réagissent dans des situations difficiles ou inattendues; ce qui nous enrichit, élargit notre expérience à bon compte et nous rend moins vulnérables dans le monde. Les récits de ce premier type sont souvent comiques : l'humour établit une distance critique entre le narrateur et le narré, le narrateur se sent à l'aise — beaucoup plus que dans les deux autres types de questionnement, qui impliquent, nous le verrons, une identification progressive. Le récit n'est pas un moyen de se connaître, c'est un moyen de connaître autrui afin de se garder d'être comme lui, afin de s'empêcher de tomber dans le même piège ou le même ridicule.

Ce type de réponse narrative caractérise, au niveau littéraire, certains romans également : le roman *picaresque* et le roman dit de *formation* se composent souvent d'une longue série d'anecdotes permettant au personnage principal, qui est soit un jeune aventurier soit un (ou une) jeune provincial(e), de mieux connaître la société contemporaine et de faire l'apprentissage de la vie[25]. Cette catégorie de roman naît — et ceci est significatif! — au XVIIIe siècle : sans la mobilité et l'incertitude sociales qui caractérisent cette période, un tel transfert — un questionnement narratif — n'auraient sans doute pas été nécessaires. Et les traces du picaresque subsistent encore chez Balzac, chez Dickens, voire chez Proust, c'est-à-dire là où des êtres jeunes et inexpérimentés cherchent à pénétrer dans des cercles fermés et prestigieux qui semblent détenir un secret. Mais la satire fait place à la désillusion.

Avant les débuts de l'époque moderne, et en particulier au temps de la Renaissance, ce type de questionnement narratif apparaît dans la littérature en premier lieu sous forme de *nouvelles*. En principe, une nouvelle isolée — et les manuels et les anthologies les citent souvent ainsi — se rapproche de l'anecdote, mais les auteurs (Boccace, Marguerite de Navarre) les présentent dans un recueil et dans un cadre. L'ensemble des nouvelles que le recueil contient, présente une très grande variété de configurations potentielles : toutes les conditions, les âges, les sexes y passent, chaque rôle se trouve — d'une nouvelle à l'autre — inversé, chaque message contredit aussi bien que confirmé. Les réponses prolifèrent, chaque lecteur y trouvera son compte, mais la variété peut en même temps paraître suspecte : contrairement au récit du picaro, dont l'histoire est ouverte et en principe jamais finie, le recueil ne présente sans-doute qu'un monde clos de configurations *rhétoriques*. — Et si le recueil rattache le questionnement de la nouvelle traditionnelle à la rhétorique, le cadre plus ou moins obligatoire qui entoure et suscite les nouvelles relie celles-ci à une position poétique : il s'agit, pour ceux qui fuirent la peste ou l'inondation, exactement comme pour Schéhérazade, de raconter pour déjouer la mort[26].

La nouvelle moderne ne renie sans doute pas ses origines mais Maupassant, Tchekhov ou Hemingway, pour ne citer que quelques noms au hasard, ne limitent pas strictement leur questionnement au *faire*. Une compartimentation précise est sans doute le fait de sociétés fermées. Les questionnements s'étendent et deviennent plus aigus mais moins précis, au moment même où les genres littéraires s'effacent progressivement.

Ce questionnement dépassé et détourné caractérise en particulier le genre narratif du *récit fantastique*. Les éléments anecdotiques du début semblent relever du *faire* : comment se comporter dans telle ou telle situation ? Brusquement l'insolite fait irruption, l'inquiétude nous saisit : il ne s'agit plus de se comporter, il faut accepter la présence de ce qui ne s'explique pas, du *faire* nous sommes passés à l'*être*. Certains récits fantastiques cherchent cependant à ramener de nouveau le lecteur, à la fin du récit vers le premier questionnement, en lui proposant une explication rationnelle — souvent banale et technique — des événements mystérieux. Cazotte, Nodier, Poe, Lovecraft : on connaît les grands représentants du genre ; mais il convient, me semble-t-il, de ranger dans cette même catégorie — genre et questionnements hybrides, du «pseudo-faire» — les *histoires prodigieuses* de la fin du Moyen Age et les *urban legends* de nos jours. Ainsi, la Table des Matières des *Histoires Prodigieuses* de Pierre Boaistuau (1560) nous offre, entre autres, le récit de toutes sortes de monstres à plusieurs têtes, de comètes dont horrible l'apparition fait mourir plusieurs personnes, d'un homme qui se lave le visage et les mains avec du plomb fondu, d'une fille à cheval chez qui le tonnerre «entrant par la bouche (...) feist sortir sa langue par ses parties honteuses», de flammes qui sortent des têtes «d'aucunes personnes notables», d'une femme qui «porta cinq ans son fruit mort dans son corps». Ces anecdotes ont la forme du premier questionnement, mais elles ont pour but de nous avertir de l'irruption brutale d'éléments étrangers dans le monde rassurant du *faire*. — Les *urban legends* recueillis et analysés dans plusieurs volumes par l'anthropologue J.H.Brunvand, sont des anecdotes modernes très répandues dont l'origine est souvent inconnue mais que l'on se raconte comme des événements réellement arrivés. Certaines anecdotes, comme celle de la vengeance du chauffeur de camion qui surprend sa femme infidèle, se rattache à la tradition de la nouvelle de la Renaissance, malgré les éléments invraisemblables ou mystérieux dans les détails, mais la majorité relève des récits d'horreur et des récits fantastiques : le rescapé au bras de fer qui viole les jeunes filles ou la jeune auto-stoppeuse qui a disparu, lorsque la voiture arrive au lieu de destination[27].

Le deuxième questionnement narratif concerne le *vivre*. Il ne s'agit plus de voir le comportement de nos semblables dans certaines circonstances particulières, mais de se demander d'une manière plus générale comment les hommes vivent, comment ils donnent un sens à leur vie et, donc finalement, comment l'on (ou le moi) devrait vivre. La distance, souvent ironique, du premier questionnement est abolie : le narré n'est pas un événement mais un personnage, les trois instances narratives sont donc au même niveau puisque chacune contient un être humain[28]. La distance fait place à un désir d'identification : la narration se choisit le personnage narré comme modèle, il veut vivre comme lui, devenir comme lui. Du coup, le récit perd ses ruses, les artifices de la narration disparaissent et ce qui reste, c'est la *biographie*, c'est-à-dire le récit le moins artificiellement structuré puisqu'il se modèle en principe sur la vie, il suit la chronologie.

La biographie au sens classique concerne les grands hommes : héros, hommes d'Etat, saints, artistes. La politique, la religion, les arts : les grands hommes se recrutent en général dans ces trois domaines. Et à l'intérieur desquels, les biographies convergent : les hagiographies se ressemblent et les martyrs finissent par posséder les mêmes vertus ; de même, les biographies d'artistes accordent les mêmes présages miraculeux et la même enfance mystérieuse aux grands génies[29].

Il s'agit, dans chaque cas, d'élaborer le type idéal : ce type possèdera, bien entendu, des qualités très différentes pour l'artiste, le saint et l'homme d'Etat. Les qualités mythiquement requises dans le domaine de l'art se trouvent déjà ébauchées dans les anecdotes que Pline l'Ancien raconte au XXIe livre de son *Histoire Naturelle* au sujet des grands peintres de l'antiquité[30], elles seront reprises et enrichies par les biographies des poètes et peintres du Moyen Age finissant et de la Renaissance. Le don divin, les passions fortes, une moralité autre sinon supérieure, et cette «recherche de l'absolu» chère au type balzacien de l'artiste : tout y est dès le début.

La biographie d'artiste peut être anecdotique (Zeuxis dessine des raisins si parfaits que les oiseaux viennent les manger) ou ne contenir qu'un seul «message» simple mais absolu :

Sail d'Escola était de Bergerac, riche bourg de Périgord, et fils d'un marchand. Il se fit jongleur et il fit de bonnes petites chansons. Il était chez Dame Ainermada de Narbonne ; et quand elle mourut, il se rendit à Bergerac et il abandonne le trouver et le chant[31].

La question se pose de savoir si le questionnement concerne, dans le cas de la biographie d'artiste, le problème du modèle à inviter : la curiosité devant le mystère de la création artistique peut recruter des lecteurs qui ne se sentent pour le reste aucunement capables de (ou enclins) à suivre le modèle proposé.

Le même mélange de volonté d'imitation et d'admiration (plus distante) caractérise sans doute l'attitude des lecteurs des hagiographies. Là encore, les traits pertinents sont stéréotypés : contrition des péchés, accomplissement de miracles, martyre souvent précédé de tortures. Les saints dont Jacques de Voragine nous propose les vies — les Saint Alexis, les Sainte Catherine, les Sainte Thaïs — sont à la fois plus proches et plus éloignés du lecteur que les artistes : plus proches puisqu'ils ne possèdent aucun de ces dons mystérieux qui caractérisent les peintres et les poètes, mais plus éloignés aussi puisque, issus des mêmes circonstances simples que le lecteur, ils atteignent une force et une grandeur d'âme vertigineuses.

Le deuxième questionnement narratif se présente le plus clairement dans le cas des biographies encomiastiques des grands héros et hommes d'Etat. Les spécimens les plus purs de telles biographies se rencontrent dans certaines sociétés très fermées où la population tout entière est censée admettre les mêmes vertus et les mêmes vices et, par conséquent, admirer les mêmes héros et abhorrer les mêmes criminels. La biographie du dauphin, c'est-à-dire du fils du leader nord-coréen Kim Il Sung en offre un exemple tout à fait net[33]. Enfant, il est brave, honnête et perspicace et, au sincère étonnement de tous, il surpasse tous ses camarades. Lorsque sa mère meurt, il console sa sœur et son père ; profondément dévoué à celui-ci, il veille sur son sommeil. A l'école, pendant que ses camarades s'esquivent il dessine sans hésiter la carte de son pays sur le tableau noir et le commente, devant le regard admiratif de tous, en disant : « This country is the most beautiful and the best country to live in in the world » et un peu plus tard : « When I close my eyes, I can see vividly the map of this country floating before my eyes and I seem to see the things taking place across the whole of our land ». Il aide une vieille femme à porter une lourde valise et là où tout un village échoue, il réussit, grâce à une ruse, à reprendre un singe enfui dans un arbre. A peine plus âgé, Kim Jong Il donne des conseils techniques dans une usine à une jeune ouvrière émerveillée et des conseils pédagogiques à des enseignants qui ne parviennent pas à briser l'entêtement d'un élève.

Son sens esthétique n'est pas moins développé : aux compositeurs de son pays, il donne des directives pour un nouveau type d'opéra, il critique un poème triste qui affaiblit le sens critique de ses compatriotes — on découvrira plus tard que l'auteur en était un agent impérialiste, espion des Américains — et, jeune encore, il ose, seul au monde, critiquer un chef-d'œuvre de la peinture mondiale (il s'agit probablement de la Mona Lisa) : son professeur ayant parlé du portrait de la femme idéale dont le visage est à la fois mélancolique et joyeux, Kim Jong Il déclare que, bien qu'il n'ait jamais vu ce tableau, il ne croit pas qu'il soit un chef-d'œuvre : «A picture must be painted in such a way that the viewer can understand its meaning». Le professeur est profondément ému : «the view of the dear leader who analysed and evaluated the picture was correct beyond dispute. To his knowledge, there was so far not a single person who had criticized the picture which had been recognized as a ‹masterpiece› by the whole world. But the dear leader as a young primary school boy saw the essential defect of the picture and criticized it sharply».

Enfin, le jeune dauphin a une énorme capacité de travail et il a des mérites immenses dans la reconstruction moderne de la capitale[34].

La biographie encomiastique suit les règles de l'éloge, telles que la rhétorique les enseigne. Celle-ci les présente d'ailleurs dans un ordre chronologique : l'éloge des personnes embrasse donc la forme de la narration paratactique et épique. Il n'y a pas d'intrigue centrale, à laquelle les événements rapportés se trouveraient subordonnés, puisque l'éloge prime tout.

Une telle attitude narrative caractérise dans une large mesure l'épopée classique aussi. Malgré les différences, il serait tentant de faire une étude comparée des héros épiques de l'Antiquité et des héros que «le culte de la personnalité» nous propose. Kim Jong Il possède certaines qualités rituelles qu'il partage avec les héros de Virgile et de Ronsard : la piété filiale, la capacité de pleurer les morts et la volonté de les enterrer solennellement, l'ambition de construire une ville.

Les biographies qui n'entrent pas dans ces trois classes et qui ne nous présentent pas la vie d'un artiste, d'un saint ou d'un héros, ne semblent pas relever exactement du même questionnement. On peut en effet parler de quelqu'un, non pas pour faire admirer ses qualités et ses mérites, mais pour faire partager aux autres l'amitié ou l'amour qu'on a ressenti pour lui. Souvent, il est question d'amis récemment disparus, comme dans les nécrologies, ou des souvenirs d'amis d'autrefois comme dans la confession déchirante que Bettina von Arnim consacre à Karolina von Günderrode, la grande amie de sa jeunesse, suicidée à 26 ans. Ce texte d'une vingtaine de pages[35], où l'évocation allusive de lieux et d'événements est sans cesse entrecoupée de cris de douleur, de souvenirs (à peine verbalement articulés) d'une très intime amitié, de signes prémonitoires, toujours renouvelés, des velléités suicidaires, ce texte est un chef-d'œuvre non plus de la biographie mais du portrait lyrique, du portrait transformé en lyrisme.

Le biographe traditionnel propose son héros comme modèle à la collectivité, le biographe moderne propose son personnage à la curiosité et à la sympathie, ou bien même l'indignation, de ses lecteurs individuels. Le héros épique est imposé à son peuple, le lecteur moderne se choisit ses «modèles» biographiques. Ces rapports se présentent de manière très différente dans le cas de l'*autobiographie*. Certes, sur le plan de la narratologie formelle, la biographie et l'autobiographie présentent un certain nombre d'analogies. Mais les motifs de l'autobiographie sont loin d'être identiques à ceux du biographe. Les mémoires d'un homme d'Etat servent à le justifier aux yeux de la postérité, c'est donc un genre qui ressort à la rhétorique judiciaire plutôt qu'à un questionnement narratif. On se demandera du reste si, d'une manière générale, les textes historiques ne sont pas plutôt — malgré les éléments narratifs qu'ils contiennent — des textes argumentatifs parce qu'ils renient exactement la spécificité la plus marquée du récit : son caractère artificiel. L'histoire est un roman *vrai*, écrit Paul Veyne[36] et c'est ce qui contredit le plus radicalement la nature du récit.

Les mémoires s'adressent, comme les biographies épiques, à la collectivité, ils font appel à des valeurs collectivement partagées. L'autobiographie personnelle, le journal, révèle un individu. Narcissisme, ennui, besoin lancinant de sincérité : les motifs qui poussent l'auteur d'un journal à écrire sa vie contrastent avec le questionnement du *vivre* sous sa forme collective. Mais au moment où le journal apparaît, c'est-à-dire encore une fois au XVIIIe siècle, le modèle collectif proposé par les pouvoirs ne répond plus aux questions d'une société en plein morcellement, d'une société en train de se décollectiviser : aussi le journal peut-il répondre, indépendamment des motifs qui l'ont fait naître, à un nouveau type, plus individuel, du deuxième questionnement. On songera ici, sans doute, à l'immense influence de Rousseau. Mais pourquoi ne pas penser aussi, plus modestement, à la personnalité si attachante de Madame de Staal-Delaunay dont l'attitude, intelligente, courageuse et non sans humour, tout au long d'une vie relativement monotone et pleine d'humiliations, peut servir de modèle, c'est-à-dire de réponse, à de nombreux lecteurs qui vivent, dans une société ouverte et laïcisée, la vie terne de l'individu moderne [37]?

Le récit du malade, tel qu'il se cristallise vers la fin d'une cure psychiatrique, présente un cas très particulier : il n'est ni entièrement biographique ni entièrement autobiographique, puisqu'il est le résultat du double travail du médecin et de son malade. Il n'a qu'un destinataire, le malade, à qui il renvoie sa propre image narrativisée, sa propre histoire restructurée selon un modèle. Le lâche récit biographique se transforme en un récit plus serré, qui possède une intrigue centrale et qui établit des relations causales entre des événements à peine perçus, des rêves vus et sentis plutôt que verbalement formulés. Et le questionnement se déplace du *vivre* vers l'*être*.

Le questionnement de l'*être* diffère considérablement de celui du *vivre*. Les anecdotes et les biographies aident les hommes à corriger leurs expériences et à adapter leur comportement à ce qui leur apparaît comme une vie de dignité et de sens. Les récits de la troisième catégorie s'attaquent à des problèmes beaucoup plus difficiles et qui ne connaissent pas de solutions aussi claires, et souvent simples, que les deux premières. Il ne s'agit plus du «comment-faire» ni du «comment-vivre», mais du «pourquoi-être» : les mythes étiologiques, les contes de fées magiques et les romans s'inscrivent dans cette série largement métaphysique. Ils répondent aux questions de ceux qui aimeraient connaître le contexte le plus large et le plus abstrait de leur existence.

Le mythe, le conte et le roman ancien empruntent — nous l'avons vu plus haut — une autre voie que le roman moderne. Grâce à un procédé de symbolisation — le voyage, le naufrage, la descente dans la terre ou la montée aux étoiles, le mariage —, leur questionnement nous apparaît comme homogène. En revanche, le roman moderne semble renoncer au monde des symboles et ancrer son questionnement dans le réel : les relations familiales et sociales, la politique et l'argent déterminent en apparence le comportement des héros et le sens de leur existence. Tout se passe comme si le narrateur s'engageait dans le premier type de questionnement : Julien Sorel fait à Verrières, à Besançon et à Paris le même «apprentissage des signes» que le héros de la *Recherche* du côté de Méséglise et du côté de Guermantes. Mais le dénouement nous apprend chaque fois — le meurtre comme l'écriture étant tous les deux des victoires impossibles sur le temps — que l'on n'échappe pas au questionnement de l'*être*, que le *faire* et le *vivre* ne constituent que des seuils.

La littérature populaire le sait, qui a véhiculé pendant des siècles et qui véhicule encore aujourd'hui le même savoir que les *Ethiopiques*. Et la persistance des contes de fées aussi, qui, chassés du monde des adultes modernes, permettent de questionner l'être dans le monde encore clos des enfants[38].

Dans notre perspective, le récit se conçoit toujours à l'intérieur d'un questionnement, il fait partie d'un dialogue en tant que réponse provisoire (ou indirecte). Mais si le récit est une réponse, sa narrativité ne sera jamais irréductible et intraduisible : il porte en lui les germes de ce qui le dépasse, c'est-à-dire un sens moral et philosophique. Il cherche son message.

Le texte narratif devient ainsi, de par l'immense potentiel de questionnement auquel il se trouve exposé, suprêmement ambigu ; d'une part, il possède des signes certains susceptibles de diriger ce questionnement (p. ex. certaines «lois du genre»), mais celui-ci, d'autre part, implique une interprétation qui vient s'appliquer *du dehors* au récit : le texte et le hors-texte se rencontrent.

Pour certains récits, le type de questionnement est explicitement marqué par une interprétation écrite que le narrateur — ou l'un des narrateurs — a ajoutée au récit. Celle-ci semble presque superflue dans le cas, par exemple, de *La Mort et le bûcheron*, que nous avons étudié au chapitre précédent, tant le message du récit est clair : il s'agit d'un questionnement du premier type. Cependant, de nombreux récits sont susceptibles d'être interprétés de manière tout à fait différentes ; nous savons que, dans les discours, le même récit peut servir de base, comme lieu de l'*exemple*, à des arguments variés.

L'interprétation assigne à chaque récit un «message», mais comme tout récit est susceptible de plusieurs interprétations, celles-ci déplacent sans cesse les récits à l'intérieur des champs de questionnement. Il suffit d'inventer, pour les divers moments du même récit, des motivations différentes, pour que tout chavire et que celui-ci devienne porteur de messages fort divergents (que l'on songe par exemple à un film muet).

En 1689, Leibniz se trouve en Italie et fait un voyage en mer. Il est le seul voyageur. Pendant le voyage, une forte tempête assaille le navire. Leibniz prend son chapelet. La mer se calme bientôt et Leibniz débarque. Le philosophe a raconté ces événements à son futur biographe qui en a fait un récit. Il dit que Leibniz quoique protestant, a fait semblant de dire son chapelet afin d'échapper aux marins superstitieux qui, pour apaiser la colère de la nature, voulaient jeter l'étranger par dessus bord ; la vue du chapelet les a détournés de ce projet criminel et leur a inspiré du remords. Le récit du biographe est amusant, mais deux questions se posent qui permettent de songer à d'autres motivations possibles pour chacun des deux actants du récit et, partant, à d'autres interprétations. D'une part, il n'est pas certain que Leibniz ait eu recours à une ruse : dans cette situation critique, il a peut-être simplement eu la «faiblesse» de faire des prières selon la bonne vieille tradition catholique. D'autre part, les marins n'étaient peut-être pas saisis de remords mais de respect sacré : ils avaient le plan arrêté, dès avant la tempête, de tuer le riche étranger mais changeaient d'avis lorsque ils voyaient que grâce à ses prières, celui-ci leur sauvait la vie [39]. — Nous disposons ainsi, en changeant les motivations intercalées entre les événements successifs, de trois récits qui nous invitent à formuler quatre messages différents. Le premier récit pose le problème moral suivant :«a-t-on le droit, dans des situations extrêmes, de recourir à une ruse, de tromper pour sauver sa vie ?» Le message du deuxième récit prend la forme d'une proposition : «dans une situation extrême, même les hommes éclairés montrent leur faiblesse et retombent dans des habitudes non-rationnelles dont ils croient avoir triomphé». Envisagés du point de vue des marins, ces deux récits comportent le message suivant : «même des hommes sauvages sont sensibles à des mouvements de pitié» — tandis que le troisième récit permet de reformuler ce message d'une manière légèrement différente : «même des hommes sauvages gardent le respect de ce qui leur paraît surhumain ou miraculeux».

J'ai mis les messages entre guillemets pour marquer le caractère fragile des formulations : le contenu aussi bien que le texte du message sont toujours, et nécessairement, approximatifs. Toutefois, ce qui est certain, malgré le déplacement des récits et la diversité des messages, c'est que nous restons dans ce cas, comme chez La Fontaine, chez Boccace ou Marguerite de Navarre, dans le domaine de la vraisemblance psychologique et morale : le récit enrichit notre savoir social et dirigera notre *faire*. Mais il arrive parfois que l'interprétation s'établit à un niveau d'abstraction plus élevé : la «distance» entre le récit et son message est grande, elle dépasse le niveau de l'expérience sociale partagée pour créer une interprétation d'ordre symbolique. Si un narrateur tient à assurer la valeur de questionnement d'un tel récit complexe — que l'on pense en particulier aux contes dits *fantastiques*

—, il ajoutera une interprétation explicite par écrit. Ainsi lorsqu'il s'agissait, pour l'auteur ou les auteurs du *Violier des histoires romaines*[40], de réinterpréter, à la lumière des doctrines chrétiennes, le vaste trésor de contes vaguement historiques de l'Antiquité, seule une interprétation écrite pouvait garantir un questionnement correct. Voici, comme exemple, le chapitre CII du *Violier* :

> Jadis fut un empereur qui avoit une forest dans laquelle demouroit et habitoit ung elephant si cruel qu'on ne s'en osoit approcher. L'empereur, se considerant, demanda à ses philosophes naturels la nature de celle beste, qui loy dirent que l'elephant aymoit de tout son cœur les pucelles blanches et nettes. Le roy, ce voyant, fist querir deux belles vierges et honnestes, lesquelles il fist despuiller toutes nues et entrer en la forest. L'une print un beau bassin d'argent cler et net, l'autre portoit un cousteau. Et quand elles furent à l'entrée de la forest, commencèrent à chanter oulcement et armonieusement. L'elephant, ce voyant, vint à elles tout adoucy et mitigué par leur chant, commançant à lecher leurs blanches mamelles; et toujours chantoient sans cesser, et s'assit l'une contre l'autre, parquoy l'elephant, de la doulceur des filles et de leur melodie ravy, s'endormit au giron. Et lors l'autre frappa l'elephant à la gorge du cousteau qu'elle avoit et le tua ; puis l'autre print et receut le sang au bassin d'argent ; puis retournèrent au roy, qui grandement fut resjouy, et du sang pur et net de l'éléphant occis en fist les draps de purpure teindre. Moult d'autres choses aussi fist faire de se sang vallable.
>
> **Moralisation sur le propos**
>
> Cest empereur est le Père celeste ; l'elephant est nostre Seigneur Jesus-Christ, qui moult fut devant son incarnation cruel et austère, tellement qu'on ne le pouvoit avoir ; mais les deux vierges vindrent, Eve, la première femme, nette de peché et toute nue par son innocence, dedans le beau paradis terrestre colloquée ; la Vierge Marie, semblablement toute nette, sans peché quelconque. Eve porta le couteau, c'est à dire le peché premier qu'elle commit, par lequel Jesus-Christ, vray elephant par comparaison, mourut. Marie, vierge, porta le cler et reluysant bassin d'argent : c'est son precieux ventre, totallement immaculé, auquel fut Jesus-Christ conceu et son humanité formée. L'elephant, voyant et aymant ces deux vierges, lechoit leurs mamelles. Jesus-Christ aussi, pour leur amour, sucça et lecha les deux loyx de l'Ancien Testament et Nouvel pour y trouver le laict de salut, si que il les accomplit toutes deux. Tant doulcement chanta les sons et chant d'humilité La Vierge Marie, que après que l'éléphant, le vray Fils de dieu, eut en son giron reposé par son incarnation, il fut occis du couteau de peché, du sang duquel fut et a esté faite la belle purpure, pour vestir pareillement et aorner nos ames et saulver.

Sans le commentaire explicite et impérieux, aucun lecteur ne penserait sans doute à voir dans l'éléphant cruel le Christ. La structure de l'intrigue — bête sauvage domptée par la beauté sensuelle de deux jeunes filles — ne ressemble pas non plus à celle du Fils de Dieu offrant sa vie pour le salut de l'humanité : les deux séquences narratives — les deux séries de « fonctions » proppiennes — n'ont presque rien en commun ! En revanche, ce qui est clair, c'est que ce récit présuppose, de quelque manière qu'on l'interprète, un questionnement du troisième type.

NOTES

[1] Voir mon article «Prose» in Yves BONNEFOY, *Dictionnaire des Poétiques*, Paris, Flammarion, 1989.
[2] Les formes narratives versifiées étant «sauvées» par ce qu'elles contiennent de «poésie»!
[3] Cf. George MAY, *Le dilemme du roman au XVIIIe siècle*, New Haven, Yale University Press, 1963, et mon article «La désagrégation de l'idéal classique dans le roman français du XVIIe siècle», in *Studies on Voltaire XXVI* (1963), pp. 965-998.
[4] Voir à ce propos le résumé de P.W.M. DE MEIJER, «Weten en vertellen, weten te vertellen» in ID. et al., *Verhaal en relaas*, Muiderberg, Coutinho, 1988, pp. 7-18.
[5] Je renvoie à mon article «le conte de fées et la théorie littéraire» in *Mélanges à la mémoire de Franco Simone*, Genève, Slatkine, 1984, vol. IV, pp. 555-569.
[6] L'exemple classique d'une telle démonstration élégante, qui a eu beaucoup de succès à l'époque et qui ne convainc plus personne aujourd'hui, c'est l'étude de Stith Thompson sur le conte américain de l'époux-étoile («The Star Husband Tale», in A. DUNDES, éd., *The Study of Folklore*, Englewood Cliffs, 1965).
[7] Le lecteur averti voit que je schématise fortement. Propp a toujours tenu à souligner que ses observations ne valent que pour le conte de fées russe et ne devraient pas être généralisées. Si je le fais pourtant, c'est pour mieux faire ressortir l'apport — positif et négatif — du structuralisme à la revalorisation moderne du récit. De tous les sujets traités dans ce livre, la narratologie structuraliste étant sans doute la plus connue, il ne me semble pas opportun de donner ici une bibliographie des travaux de Dundes, de Bremond, de Todorov, de Barthes, de Genette, de Prince, etc.
[8] Voir notamment: GROUPE D'ENTREVERNES, *Analyse sémiotique des textes*, Presses Universitaires de Lyon, 1979. L'équipe de Lyon se spécialise en particulier dans l'analyse de récits bibliques. L'étude des textes bibliques a connu, d'une manière générale, un essor considérable sous l'impulsion de la narratologie structuraliste. (Voir par exemple les travaux de Robert E. LONGACRE, «The discourse structure of the flood narrative», in G. MC RAE, éd., *Society of Biblical Literature, 1976 Seminar Papers*, Missoula, Scholars Press; et *Joseph ; a Story of Divine Providence*, Dallas, 1986).
[9] «Some considerations on the Nature of Plot», in *Poetics 8* (1979), p. 340.
[10] «Narrative analysis : oral versions of personal experience», in J. HELM, éd., *Essays on the Verbal and Visual Arts*, 1967, Seattle, University of Washington Press. Pour le rapport entre phrases narratives et phrases «non-narratives» dans un récit, voir aussi S.A. THOMPSON, «Subordination and Narrative Event Structure», in Russell S. TOMLIN, éd., *Coherence and Grounding in Discourse*, Amsterdam, Benjamins, 1987, pp. 435-454. Pour l'oralité, les récits racontés pendant des conversations, etc., voir le numéro spécial de la revue *Poetics* (vol. 15, 1986, pp. 1-241).
[11] «Narrative Versions, Narrative Theories», in W.J.T. MITCHELL, *On Narrative*, Chicago-Londres, University of Chicago Press, 1981, p. 217.
[12] Une analyse lucide des problèmes posés par la narratologie structuraliste se trouve dès 1976 dans l'article de John M. LIPSKI («From text to narrative : Spanning the gap», in *Poetics*, 1976, pp. 191-206). Le chapitre 14 («Narrative», par B.N. COLBY et J.L. PEACOCK) de John H. HONIGMANN, éd., *Handbook of Social and Cultural Anthropology* (Chicago, Rand Mc Nelly and Co.) constitue un bon bilan provisoire. Le livre de Harol TOLIVER (*Animate Illusions - Explorations of Narrative Structure*, Lincoln, University of Nebraska Press, 1976) constitue une tentative intéressante de dépasser, du côté de la philosophie, les positions structuralistes.
[13] Pour les problèmes de la «mémoire narrative», voir *Il était une fois... Compréhension et souvenir de récits*, textes traduits et présentés par Guy DENHIERE (Lille, Presses

Universitaires de Lille, 1989) et en particulier les études de T.A. VAN DIJK, de J.M. MANDLER, de P.W. THORNDYKE (tous cités également dans la bibliographie de Wilensky : voir la note suivante) et de Cs. PLÉH (*A történetszerkezet és az emtékezeti sémák*, Budapest, Akadémiai, 1986).

[14] Le numéro spécial de la revue *The Behavioral and Brain Sciences* (1983) 6, pp. 579-623 contient une étude fouillée de Robert WILENSKY («Story grammars versus story points»), suivie de commentaires critiques et d'une bibliographie très détaillée. Pour l'évolution ultérieure et en particulier l'application à l'ordinateur, on consultera la thèse de Peter NORVIG (*Unified Theory of Inference for Text Understanding* (University of California, Berkeley, janvier 1987, Report no. VCB/CSD 87/339).

[15] Il va sans dire que malgré des analyses subtiles [voir p. ex. l'article d'E. Korthals ALTES (*Revue des Sciences humaines*, 1986)] et quelques résultats intéressants (voir la thèse citée de Norvig), les deux positions restent problématiques. Cf. aussi Asghar IRAN-NEJAD, «Understanding Surprise-Ending Stories : Long-Term Memory Schemas Versus Schema-Independent Content Elements», in *The journal of Mind and Behaviour* 7 (Winter 1986), pp. 37-62.

[16] Voir par exemple l'articlé cité de Barbara Herrnstein Smith. Si elle récuse le concept d'un «récit premier», ce n'est pas seulement à cause des connotations platoniciennes qu'un tel concept implique, mais aussi parce qu'un récit contextualisé par les deux autres instances est «en situation» et enlève tout intérêt à la question (insoluble) des origines. Le réseau complexe qui s'institue entre les trois instances narratives semble se poser en termes à la fois semblables et différents dans le monde arabe. Cf. Abdelfattah KILITO, *L'auteur et ses doubles. Essai sur la culture arabe classique*, Paris, Seuil, 1985.

[17] Je pense ici non seulement aux anecdotes et plaisanteries courantes mais aussi à ce genre particulier d'histoires invraisemblables que J.H. Brunvand et les sociologues américains appellent *Urban legends* (cf. *The Vanishing Hitchhiker*, Londres, Pan Books, 1983).

[18] «Erzählen als Enttöten», in E. LÄMMERT, éd., *Erzählforschung*, Stuttgart, Metzler, 1982, pp. 319-334. L'article de W. VAN PEER («De werkelijkheid van het verhaal. Naar een antropologie van het vertellen», in *Sociologisch Tijdschrift 13* (décembre 1986), offre un excellent résumé de la narratologie anthropologique.

[19] Paul RICOEUR, «Life : a story in research of a narrator», in M.C. DOESER - J.M.J. KRAAY, éd., *Facts and Values*, Dordrecht, Nijhoff, 1986, pp. 121-132.

[20] Donald Spense examine les difficultés d'un tel processus. (*Historical Truth and Narrative Truth*).

[21] Pour l'attitude subtilement ambiguë de Cervantès, voir mon article «Roman et savoir avant Cervantès», in H. HILLENAAR et E. VAN DER STARRE, éd., *Le roman, le récit et le savoir* (Publ. Fac. Lettres, Groningue, C.R.I.N., F 15, 1986), pp. 109-130.

[22] Northrop Frye distingue à ce propos en anglais *romance* (= roman ancien) et *novel* [= (anti)roman moderne] et considère celui-ci comme une parodie de celui-là (*The Secular Scripture*, Harward U.P., 1976). Voir aussi mon article «le roman est un antiroman», in *Littérature 48*, 1982, pp. 3-20. Le roman ancien présente des analogies avec l'épopée et la naissance de l'«anti-roman» coïncide avec le déclin de celle-ci. Cf. Brigitte WINKELMAN, «Zu den Auswirkungen des Romanzo-Streites...» in S. KNALLER-E. MARA, éd., *Das Epos in der Romania. Festschrift D. Kremers* (Tübingen, Gunter Narr, 1986), pp. 415-430. D'autre part, pour quelqu'un comme KUNDERA (*L'Art du roman*, Paris, Gallimard, 1986, notamment les pp. 17-36), qui n'examine que le roman *après* Cervantès, ce genre tout en étant un rempart contre «l'oubli de l'être» technologique, véhicule une Vérité *plurielle*, nécessairement ambiguë.

[23] Wilhelm SCHAPP, *In Geschichten verstrickt, zum Sein von Mensch und Ding*, 2e éd., Wiesbaden, Heymann, 1976. L'auteur écrit à la p. 85 : «Vielleicht muss man erst wissen, was ein Mensch ist, was ein Tier ist, was ein Haus ist und noch viele andere dazu, bevor

eine Geschichte überhaupt in den Geschichtskreis treten kann. (...) Wir sind durch unsere Untersuchungen zum umgekehrten Ergebnis gekommen, dass geradie die Geschichten das Grundlegende sind und erst aus den Geschichten Menschen, Tieren und Häuser heraustreten. (...) Die Geschichte lässt sich nicht als Gegenstand untersuchen, weil etwas Geschichte nur insoweit ist, als ich in die Geschichte verstrickt bin».

[24] Brièveté ou longueur, réalisme ou merveilleux, moralisme ou érotisme, etc.

[25] Cf. l'excellente introduction de Didier SOUILLER (*Le roman picaresque*, Paris, P.U.F., Coll. Que sais-je, 1980; notamment les pp. 57-61).

[26] Voir l'article de Volker Klotz cité à la note 18.

[27] *The Vanishing Hitchhiker* est sans doute, avec ses nombreuses variantes, le plus beau récit que Brunvand ait inséré dans son premier recueil, pp. 30-41 (voir la note 17). Depuis la rédaction du présent travail, la *Revue française de sociologie* a consacré un numéro (1989/1) aux «légendes urbaines».

[28] On objectera peut-être que le *roman picaresque* que nous avons rangé dans la première catégorie, a, lui aussi, un seul personnage principal. Mais ce qui manque, c'est le désir d'identification : le picaro n'a pas de caractère.

[29] Cf. H. DELEHAYE, *Les passions des martyrs et les genres littéraires*, Bruxelles, 2e éd., 1966, pp. 172-173; Ernst KRIS-Otto KURZ, *Die Legende vom Künstler*, nlle éd., Francfort, Suhrkamp, 1980.

[30] Voir à ce sujet mon article «un métadiscours indirect : le discours poétique sur la peinture» in L.H. HOEK, éd., *La littérature et ses doubles*, Publ. Fac. Lettres, Groningue, C.R.I.N. 14 (1986).

[31] Cité d'après *Les vies des troubadours*, textes réunis par Margarita EGAN, Paris, Coll. 10/18, 1985, p. 193.

[32] Qu'on lira par exemple dans la belle traduction de *La légende Dorée*, par Téodor DE WYZEVA (Paris, Perrein, 1917).

[33] Choe IN SU, *Kim Jong Il, the People's Leader*, 2 vol., Pyongyang, Foreign Languages Publishing House, 1985. Tout au long du livre, Kim Il Sung est appelé le *great leader* et Kim Jong Il le *dear leader*.

[34] Les passages cités se trouvent (dans l'ordre) aux pages 42, 48, 241, 82,, 295, 139, 278 et 100 du premier volume, à la page 88 du second, aux pages 106 et 109 du premier et aux pages 174 et 295 du second volume.

[35] Qui figure en appendice de : Carolina VON GÜNDERODE, *Der Schatten eines Traumes* (textes choisis et présentés par Christa WOLF; Berlin, der Morgen, 1979).

[36] *Comment on écrit l'histoire*, Paris, Seuil, 1971, p. 10.

[37] Ses *Mémoires* parus après sa mort en 1755, furent réédités en 1970 (Paris, Mercure de France). Pour Villemain, Mme de Staal-Delaunay fut, avec Voltaire, le plus grand prosateur de son siècle.

[38] Les psychologues et les psychanalystes ont eu raison d'insister — que l'on songe par exemple aux travaux de Bruno Bettelheim ou de James Hillman — sur l'importance des contes de fées pour le développement psychique des enfants. Il convient d'ajouter cependant que ce n'est là qu'un des fonctionnements possibles du conte : dans des communautés archaïques rurales, les mêmes contes sont récités au milieu d'adultes, dans certaines situations bien déterminées (p. ex. : réunions pour le travail manuel, certains soirs en hiver) : les folkloristes qui ont collectionné de tels contes, l'ont fait en général pendant des réunions d'adultes. Les contes ayant perdu cette fonction dans les sociétés modernes, ils ont été remplacés par la culture ou littérature dite populaire, qui est surtout narrative. Cette littérature a été, comme les contes, transnationale, autrefois comme aujourd'hui : la Bibliothèque Bleue de Troyes (cf. L'anthologie de Geneviève BOLLÈME, *La Bible bleue*, Paris, Flammarion, 1975), ou les «Volksbücher» allemands (cf. les trois volumes de Gustav SCHWAB, *Die deutschen Volksbücher*, rééd., Francfort, Insel, 1978) racontent pour une large part les aventures des mêmes héros et héroïnes :

Fortunat, Robert la Diable, Mélusine, la belle Maguelone, et l'on connaît, à notre époque, le succès mondial des «best-sellers» et de certaines séries télévisées (cf. John G. CAWELTI, *Adventure, Mistery and Romance. Formula Stories as Art and Popular Culture*, Chicago-Londres, University of Chicago Press, 1976; C.W.E. BIGSBY, éd., *Approches to Popular Culture*, Londres, Arnold, 1976; Jean RADFORD, éd., *The Progress of Romance - The Politics of Popular Fiction*, Londres et New York, Routledge and Kegan Paul, 1986). Une étude comparée du «message» de ces diverses formes de littérature populaire s'impose, puisqu'il semble bien que leur questionnement se rattache plus directement à celui de «la littérature d'avant Cervantès» qu'à celui de la littérature «officielle» des siècles derniers.

[39] Je cite «les récits de Leibniz» d'après Hans BLUMENBERG, *Die Sorge geht über den Fluss*, Francfort, Suhrkamp, 1987, pp. 11-15. Pour l'*exemple* rhétorique et ses interprétations possibles, voir aussi le choix de textes présentés par Jean-Claude SCHMITT (*Prêcher d'exemples, Récits de prédicateurs du Moyen Age*, Paris, Stock, 1985).

[40] C'est la traduction française qui date de 1521, des *Gestva Romanorum*, vaste recueil d'anecdotes (pseudo-)historiques qui a connu un immense rayonnement aux XIVe et XVe siècles, moins en France d'ailleurs que dans les pays germaniques. Le conte CII se trouve aux pages 273-274 de l'édition G. Burnet (Paris, Jannet, 1858).

IV. L'image

LE VERBAL ET LE VISUEL

Communiquer, c'est dans un premier temps s'adresser à la perception sensorielle d'autrui : on ne peut communiquer qu'en émettant des signes qui atteignent l'un des cinq sens. En général cependant, même lorsque nous parlons de communication non-verbale, nous pensons presque uniquement aux deux seuls sens de l'ouïe et de la vue : les traits du visage qui changent, les gestes que font les mains, la colonne de fumée au sommet d'une colline, ce sont là des signes adressés à la perception visuelle. Rares sont les cas, parmi les hommes doués de l'usage normal de tous leurs sens, d'une communication consciente[1] qui passerait en premier lieu, voire exclusivement, par le toucher, l'odorat et le goût.

Y a-t-il, alors, une hiérarchie des perceptions sensorielles ? La réponse n'est pas univoque, semble-t-il. Dans la mesure où chaque sens dispose d'une manière spécifique d'appréhender le réel, les perceptions sensorielles se complètent au lieu de se subordonner les unes aux autres. « Tout se passe », écrit Yvette Hatwell à la fin d'une longue enquête sur les rapports entre le toucher et la vue, « comme si le toucher, parce qu'il a un rôle crucial dans l'adaptation sensori-motrice, devient tributaire de cette spécialisation au point qu'il n'est plus concerné que par la réussite des actions sur le monde, laissant à la vision le soin de ‹comprendre› ce monde »[2]. En revanche, lorsque les sens se trouvent engagés dans la même tâche, une hiérarchie s'établit qui privilégie clairement l'ouïe et la vue. Ainsi, lorsque le toucher et la vision s'attaquent exactement au même travail, ou constate «un ajustement permanent du toucher sur la vision, même si en l'occurrence c'est cette dernière qui souffre de distorsion»[3].

Par conséquent, il n'est peut-être pas erroné d'étudier les formes de la communication interhumaine uniquement au niveau de l'ouïe et de la vue. Malgré quelques tentatives éparses — que l'on songe aux correspondances baudelairiennes et au décadentisme de Des Esseintes —, même les efforts pour créer une œuvre d'art totale, tel l'opéra wagnérien, se confinent en général à ces deux sens privilégiés[4].

Le texte, tel que nous l'avons défini plus haut, relève à la fois de l'ouïe et de la vision. Oral, il se visualise par la présence d'un destinateur : son corps et ses gestes sont inséparables de ce que nous entendons. Ecrit, il se visualise par la typographie, le format des pages, etc., — tout en restant oral dans la mesure où nous mimons mentalement l'intonation supposée du destinateur[4a]. Le texte n'échappe jamais à aucun des deux sens, notre perception est toujours double.

Dans les chapitres qui précèdent, nous avons implicitement admis, en examinant les divers effets communicatifs du texte, la suprématie du verbal (plus ou moins visualisé). La question se pose maintenant de savoir s'il est possible d'étudier les mêmes effets communicatifs en prenant l'*image* comme point d'appui. Par image, nous entendons bien sûr toujours une création artificielle, découpée et limitée par rapport à la «réalité» continue, et non pas un paysage splendide par exemple qui s'offrirait à nos yeux et que nous pouvons à la rigueur interpréter, avec les poètes baroques, comme l'effet de la communication à sens unique de Dieu avec les hommes, mais jamais comme une image destinée à la communication interhumaine[5]. Là où dans le texte oral, le destinateur est présent, l'image, comme le texte écrit, ne révèle pas directement son auteur : le dessin publicitaire, les images didactiques (pour les enfants, pour les usagers de la route, etc.), les tableaux exposés dans les musées ne renvoient très souvent qu'indirectement à leur origine, par le biais d'une pancarte, d'un titre, ou d'une connotation largement connue et facilement identifiable.

Une communication visuelle autonome, qui se passe de la moindre intervention verbale, est-elle possible, une communication donc qui ne toucherait qu'un seul sens ? Autrement dit : l'image est-elle un texte, ayant les mêmes particularités (cohérence[5a], persuasivité, etc.) que le texte (plus ou moins) verbal ? La question est difficile et complexe, j'essaierai d'y apporter une réponse dans les pages qui suivent, mais je formule dès maintenant mon hypothèse : *la communication intentionnelle et consciente ne peut jamais se passer des deux sens privilégiés, mais ceux-ci ne se présentent pas toujours simultanément.* C'est l'oubli de cette dernière condition qui peut donner l'illusion que l'image «pure» existe.

Les deux formes de communication peuvent en effet se succéder et se remplacer, lorsque les circonstances sociales rendent préférables le recours à l'une plutôt qu'à l'autre forme. Ainsi, dans la province de Cabinda en Angola, les femmes se servent de couvercles sculptés pour transmettre à leur mari un premier avertissement public, lorsqu'elles ont des problèmes conjugaux[5b]. La communication visuelle est ici préférée à la communication verbale : elle prend une allure atténuée, elle a lieu devant les autres membres de la communauté et un conflit direct est évité.

Bien entendu, au niveau strictement philosophique — logique et épistémologique — la nécessité d'un rapport entre la parole et l'image peut être mise en question, et ceci malgré une vieille tradition philosophique qui va de Platon à Locke. La pensée peut fonctionner sans activité imaginante et la parole peut exprimer la pensée sans renvoi à l'image. A ce niveau-là, le rapport des deux est moins net peut-être qu'on ne le dit en général[6]. Mais sur le plan à peine inférieur, c'est-à-dire dès que la pensée adopte une perspective tant soit peu plus concrète, par exemple au niveau de la réflexion psychologique ou esthétique, le rapprochement de la parole et de l'image devient inévitable. Dès que les concepts quittent le monde des propositions et des jugements pour s'appliquer aux objets du monde réel, l'image mentale apparaît et, parallèlement, le langage se métaphorise. Pour un logicien, le langage ordinaire ne peut constituer qu'une pierre d'achoppement, puisqu'il ne peut pas être libéré de toutes ses métaphores; il en entraîne d'innombrables, souvent mortes, avec lui. Pour un psychologue, en revanche, l'interaction continue du verbal et du visuel est une évidence dans tous les processus d'apprentissage et de mémorisation, à tel point qu'on a tendance à conclure à la relative supériorité du visuel sur le verbal pendant ces processus[7].

Nos traditions culturelles reflètent cette difficulté de séparer le visuel et le verbal, de bien dire la spécificité de chacun. La *Poétique* d'Aristote contient de nombreuses allusions à la peinture et l'on connaît l'influence profonde — utile selon les uns et néfaste selon les autres — de l'*ut pictura poesis* horatien : ce précepte qui, historiquement, n'a jamais exclu du reste la possibilité de postuler tantôt la supériorité de la poésie sur la peinture tantôt celle de la peinture sur la poésie, a déterminé pour plusieurs siècles la réflexion sur ces deux arts[8]. Dans ce débat séculaire, les positions extrêmes peuvent être symbolisées par l'attitude respective de Lessing et de Gilson. Le premier a voulu séparer clairement l'art du temps et l'art de l'espace : en assignant à chacun son domaine propre, il espérait abolir du même coup les contraintes oiseuses et artificielles que le principe d'imitation réciproque[9] imposait aux deux arts. Gilson pour sa part insiste au contraire sur la fascination profonde que les arts de la parole et les arts de l'image exercent l'un sur l'autre ; au-delà des règles formelles horatiennes, il y a l'irrésistible défi que constitue pour chacun des arts le dépassement de ses propres limites : pour la poésie, le défi d'arracher la parole au temps qui s'écoule, pour la peinture, le défi d'arracher l'image à l'espace qui fige et de l'intégrer dans le mouvement suggéré par l'écoulement temporel[10]. Toutefois, cette distinction, établie entre arts du temps et arts de l'espace, est une distinction philosophique : encore une fois, ce n'est qu'à ce niveau-là que le verbal et le visuel se laissent nettement séparer. Au niveau psychologique, ce qui compte, c'est la perception par le destinateur qui est toujours un fait temporel : il y a, Gombrich et Marin ont insisté là-dessus, un déchiffrement temporel de l'espace, une lecture du tableau comme il y a une lecture du texte, à la seule différence près que les habitudes et les règles de lecture ne sont pas identiques dans les deux cas[11].

Deux tâches s'imposent, une fois que l'on postule que le visuel et le verbal sont fondamentalement inséparables. La première consiste à réévaluer l'apport du classicisme, la vaste réflexion des théoriciens — surtout italiens et français, mais aussi hollandais, allemands et anglais — concernant les «règles» de la peinture et celles de la poésie. Ainsi, un vocabulaire partiellement analogue permet de comparer l'examen critique des tableaux et des poèmes, tel qu'il s'est pratiqué dans les milieux cultivés parisiens du temps de Louis XIV ; et l'amateur des «explications de texte» — qu'il s'agisse de celles de Roustang ou de celles de Spitzer — découvrira avec étonnement de lointains répondants dans les analyses systématiques et précises de tableaux du Titien, de Véronèse, de Poussin, dans les conférences célèbres, faites en 1667, à l'Académie Royale de Peinture et de Sculpture à Paris[12].

La deuxième tâche serait d'établir, au-delà des considérations historiques mentionnées (et en partie à partir d'elles), les fondements méthodologiques d'une telle recherche et un classement des modes de rapprochement du visuel et du verbal. Faudra-t-il adopter une méthodologie qui s'inspire de la psychologie cognitive ou suivre plutôt, comme semblent le suggérer Kauffmann et Muckenhaupt, les acquis de la linguistique moderne[13]. D'un point de vue sémiotique, de toutes manières, une description aussi complète que possible s'impose des divers modes de conjonction des deux domaines du visuel et du verbal[14]. Une première distinction séparera le niveau des objets et le méta-niveau. C'est à ce dernier que se situent les commentaires consacrés, séparément ou conjointement, aux œuvres verbales (littéraires) et aux œuvres visuelles (picturales). En général, nous sommes habitués à considérer que les commentaires ont une forme verbale, mais l'on doit admettre aussi l'existence de commentaires visuels — bien que, finalement, nous n'en prenions conscience qu'en utilisant des paroles : ici, l'apparente autonomie du visuel disparaît exactement au moment où nous la proclamons, où nous en devenons conscients, et nous rétablissons du même coup le rapport indestructible du visuel et du verbal. En ce qui concerne le niveau des objets, la morphologie de ces rapports connaît trois catégories : celle du *temps* (le texte et l'image ont-ils été conçus simultanément ou successivement, éventuellement à des époques différentes?), celle de la *quantité* (texte unique ou recueil, tableau unique ou série, les deux consacrés au même «sujet») et celle de la *forme* (formes conjointes comme dans le cas des calligrammes et de la poésie visuelle, formes disjointes comme pour l'emblème et la bande dessinée).

Si nous avons, malgré tout, pris depuis plus d'un siècle l'habitude d'étudier la littérature et la peinture séparément, c'est que, grâce sans doute à l'influence de Lessing et à l'anticlassicisme des critiques romantiques, les programmes d'enseignement du XIXe siècle ont tenu à distinguer soigneusement les arts et les lettres et à instaurer ainsi deux disciplines en apparence différentes : l'histoire de l'art et l'histoire de la littérature. Puisque, très souvent, la part du visuel en littérature semble se réduire à la typographie et, inversement, la part du verbal en peinture au seul titre, une telle distinction pouvait faire illusion pendant longtemps. Toutefois, si le texte et l'image ne se laissent pas véritablement séparer, la question se pose d'urgence de savoir si la perspective envisagée dans les chapitres précédents pour les textes devient valable pour les images également; autrement dit, les images fonctionnent-elles comme des discours et des récits?

L'ARGUMENTATION VISUELLE

La tradition rhétorique privilégie depuis des siècles les textes écrits et néglige en particulier l'*actio*, c'est-à-dire la partie non-verbale par excellence de la rhétorique ancienne. La même tendance caractérise les résultats de la recherche contemporaine : comme nous l'avons vu, celle-ci concerne en premier lieu l'argumentation et les figures de style. Cette négligence est d'autant plus surprenante que la « manipulation multimédiale » ne date pas d'aujourd'hui : longtemps avant la publicité télévisée, les cérémonies baroques — pour ne prendre qu'un exemple ancien qui est particulièrement net — faisaient un usage rhétorique conscient et subtil du mélange des effets visuels et verbaux : que l'on songe aux représentations théâtrales et aux funérailles de l'époque qui comportaient toujours un but persuasif ; ni Corneille ni Bossuet ne devraient être dissociés de leur contexte visuel. Et les théoriciens de cette multimédialité rhétorique ont été nombreux à l'époque : citons, à côté de Niccolo Sabbatini, d'Athanasius Kircher ou du Père Menestrier, les deux jésuites allemands étudiés par Barbara Bauer : pour Jacob Masen, qui publie en 1650 à Cologne un *Speculum imaginum veritatis occultae*, les images se définissent, non pas à partir de l'*elocutio*, c'est-à-dire comme des figures de style, mais à partir de l'*inventio*, c'est-à-dire comme des *lieux* de la comparaison ou du contraire (simili, contrarii) ; d'autre part, Franciscus Lang essaie, un peu plus tard à Munich, de dramatiser les Exercices de Saint Ignace de Loyola, en ajoutant au texte de la musique et un décor comportant des emblèmes « damit die Wahrheit, während die Ohren mit der Musik oder den Reden der Schauspieler beschäftigt seien, gleichzeitig vermittels der Augen sich einpräge und sicher in Gemüt heften bleibe, dadurch dass sie in bildlichen Darstellungen und in Form von Lemmata vergegenständlicht wird »[15].

La rhétorique distingue, comme l'on sait, deux types d'arguments, les arguments rationnels et les arguments affectifs. D'une manière générale, on considère que l'image communique exclusivement des arguments du second type et l'on a tendance à lui attribuer une force affective qui selon certains théoriciens, est même supérieure à ce que les textes peuvent produire : « de toutes les passions, écrit Félibien, celles qui entrent dans l'âme par les yeux sont les plus violentes »[16]. Arrivé à ce point, il convient d'opérer une subdivision. La tradition rhétorique aristotélicienne connaît, nous l'avons vu plus haut, d'une part un grand nombre d'émotions susceptibles d'être décrites ou représentées dans les discours et dans les ouvrages littéraires (la colère d'Achille, l'amour d'Andromaque) et elle effectue d'autre part une dichotomie en ce qui concerne les passions qu'il s'agit de susciter dans l'âme du destinataire. Les textes qui relèvent de la situation épidictique — et nous avons vu que, parmi les ouvrages littéraires, l'épopée en relève de toute manière — ont pour but d'éveiller notre *admiration*, tandis que les textes judiciaires et délibératifs recherchent la dialectique de la pitié et de la crainte, c'est-à-dire la *catharsis*.

Il fallait rappeler cette dichotomie afin de poser la question de savoir si dans le cas des images aussi, la persuasion émotionnelle pouvait s'exercer dans les deux sens. Une image unique ou une série cohérente d'images peuvent en effet fonctionner dans une situation épidictique et avoir été créées dans le but d'éveiller l'admiration et l'enthousiasme des spectateurs à l'égard de la personne ou de la chose représentée. Mais l'image peut avoir également une fonction plus directement persuasive et inviter les spectateurs à éprouver certaines émotions et peut-être même à traduire celles-ci en actes. Dans ce contexte on pensera en premier lieu au genre pictural du *portrait*; en dépit d'une apparente fixité («tel qu'en lui-même enfin»), celui-ci participe en réalité pleinement à la dialogicité rhétorique. La méditation[17] muette devant la Vierge ou un saint est une réaction affective : l'admiration pure fait progressivement place à un sentiment de remords, qui s'exprime par une prière silencieuse, suivi du vœu de changer sa vie. On pourrait facilement observer des processus psychologico-rhétoriques analogues à propos d'autres types de portraits plus individualisés, comme ceux d'hommes d'Etat célèbres ou d'ancêtres, les deux souvent entourés de légendes élogieuses ou horrifiantes. Dans la plupart des cas, il serait sans doute difficile de séparer les portraits strictement épidictiques et les autres; seuls, peut-être, les portraits des héros célèbres appartiennent à la première catégorie tandis que la plupart du temps il s'agit plutôt du processus décrit plus haut, qui commence par l'admiration pour se transformer en, et se terminer par, des émotions plus actives visant la persuasion.

L'argumentation visuelle est-elle toujours, et nécessairement, d'ordre émotif ? La question doit être d'autant plus posée que l'effet émotif est précédé par une première phase d'identification et de reconnaissance du sujet représenté : ce travail est d'ordre rationnel. Les héros et les saints d'époques révolues ne pouvant pas être identifiés de par la ressemblance physique (que les spectateurs ignorent), cette opération ne peut être effectuée que grâce à l'*endroit* où la peinture se trouve (église vouée à un saint, château appartenant à une famille) et grâce aux *attributs* qui, à l'intérieur même de la peinture, entourent le personnage. Les attributs constituent les *preuves* de l'identité; pour Roger de Piles les attributs sont les synonymes picturaux des *lieux* de la rhétorique verbale[18]. Les attributs sont des objets et des symboles qui se trouvent toujours associés avec la même personne. La transition entre — ou, si l'on veut, la coïncidence de — l'identification et l'argumentation est particulièrement nette dans un certain type d'images d'autel où le saint, représenté en grand et au milieu, regarde le spectateur en face (*imago*) tandis que, à droite et à gauche et de haut en bas, on voit, en plus petit, une série de scènes tirées de sa vie (*historiae*). Ainsi, dans la Basilica Sante Croce à Florence, Saint-François d'Assise est entouré d'une vingtaine de petits «tableaux dans le tableau» qui rappellent les moments théologiquement significatifs de sa vie : il prêche aux oiseaux, il soigne les lépreux, etc. (planche 1).

Ces scènes sont des attributs dans la mesure où ils nous permettent d'identifier le personnage central, mais elles sont en même temps des arguments (des *lieux* de l'exemple) destinés à persuader le spectateur d'accorder son admiration à un homme qui a accompli pendant sa vie des actes aussi extraordinaires. Lorsque, quelques siècles plus tard, en 1638, Zurbarán peint à Séville le bienheureux Henri Suso (planche 2), il tient compte des exigences modernes de la perspective et de la vraisemblance ; le personnage central est intégré dans le paysage et les scènes de sa vie ne sont pas présentées séparément : elles apparaissent, en petit et discrètement, derrière lui. Les phases successives de la méditation (qui incluent l'identification et l'argumentation) s'effacent ici d'autant plus que le personnage central est représenté, lui aussi, en action, à savoir pendant le moment de sa conversion mystique. Le tableau connaît une telle unité spirituelle que le spectateur ne se rend compte que lentement, presque après coup, que les trois scènes du fond sont en fait des *lieux* argumentatifs.

Bien que, dans les deux exemples cités, la représentation principale et les représentations secondaires soient présentées dans le même cadre, celles-ci ne constituent pas, bien entendu, une argumentation rationnelle contraignante. La cumulation a sans doute un effet rhétorique ; elle est à la fois *figure* (de la répétition) et *lieu* (formel de la division ou énumération). L'argumentation reste, pour ainsi dire, paratactique.

LE RECIT VISUEL

Tandis que la fonction argumentative d'un tableau ne devient apparente que si nous reconstruisons le processus de la réception, sa narrativité est en général immédiatement percevable, puisque de nombreux tableaux représentent des actions. Dans les pages suivantes, nous allons examiner les diverses manières dont les images peuvent devenir narratives en représentant ou, plutôt, en suggérant des récits.

Nous exclurons de notre enquête, les images sérielles qui font partie d'un mouvement, telles les images qui se suivent dans un film et qui peuvent constituer ainsi, malgré les différences spécifiques des media choisis, des narrations au même titre que les récits verbaux : il est évident que les analogies entre un récit présenté par des images mouvantes et un récit présenté en des paroles qui se suivent sont si nombreuses qu'un examen narratologique des récits filmiques, même s'il pose un certain nombre de problèmes spécifiques, est tout à fait possible[19]. Ce qui nous intéresse, ce ne sont pas les récits présentés par les images mouvantes mais les récits présentés (ou suggérés) par des images fixes : l'image peut-elle, dans toute sa fixité précisément, être porteuse de récit ?

Parmi les images fixes, il y en a évidemment qui n'ont pas un caractère narratif. Ainsi le paysage et le portrait sont deux genres picturaux qui restent en dehors de notre étude. Le récit nécessite la présence d'êtres vivants[20] engagés dans une action : le paysage ne comporte pas d'êtres vivants et le portrait n'en comporte qu'un seul. Le paysage confère l'autonomie à ce qui, dans un récit, ne peut servir que de décor et le portrait se présente comme le contraire de la narration : le personnage est figé, arraché à l'écoulement du temps pour qu'il s'impose à notre attention, voire à notre admiration. Le portrait relève, nous l'avons vu, de la rhétorique[21].

Ces exemples semblent indiquer, par la négative, ce qui est indispensable à un récit. Mais un sujet, un objet et une action les reliant suffisent-ils vraiment à constituer les éléments minimes d'un récit ? D'une action, oui, bien sûr ; mais d'un récit ? Ce qui caractérise toute narration, c'est qu'elle présente une ou plusieurs actions humaines dans un cadre téléologique : elle a toujours un début et une fin. En outre, le récit comporte toujours un affrontement, le triomphe sur un obstacle. Il faut se rappeler ces banalités narratologiques pour se rendre compte dès le début d'un immense problème au sujet du récit visuel : une image fixe peut fort bien représenter une *action* mais il est douteux qu'elle puisse embrasser l'ensemble des éléments constitutifs minima d'un *récit*. Un tableau intitulé Annonciation nous montre en général un ange s'adressant à une jeune femme : voici l'action. Mais cette action ne prend un sens que dans le récit biblique qui finit par la naissance du Christ : le tableau comporte-t-il des éléments strictement visuels et accessibles à tout spectateur qui permettent de dépasser l'action simple, de lui conférer le sens souhaité ? Autrement dit : Comment passer de l'action au récit ? Peut-on suggérer un récit tout en ne représentant qu'une action ? Voici le problème central de toute narratologie visuelle.

Il existe, dirait-on, une solution simple : elle consiste à présenter une histoire non pas sur un seul tableau mais sur une séquence de plusieurs tableaux. Cette séquence doit alors être traitée comme une unité, c'est elle qui constitue le récit[22]. Nous essayerons de distinguer maintenant les différents types de récits qu'une série peut représenter ou suggérer, et les problèmes qui se posent à leur sujet.

Signalons, pour commencer, un phénomène intéressant, exploité dans les années vingt par le cinéaste russe Kulechov. Celui-ci juxtaposait des images non-narratives, dont la première montrait toujours le même portrait tandis que la seconde représentait des objets variés ; le public percevait l'expression du visage chaque fois de manière différente : l'interprétation, donc le sens donné à l'action, dépendait de l'objet (abhorré, convoité, etc.)[23]. La juxtaposition de deux images non-narratives — mais dont l'une au moins doit contenir tout de même un être vivant — suffit pour créer une action.

Que se passe-t-il lorsqu'on juxtapose des images narratives indépendantes, c'est-à-dire des images qui racontent (ou suggèrent) des récits différents ? La disposition de ces images dans une pièce ou dans un musée inspire au spectateur un récit au second degré qui relie les récits dispersés. Ainsi, Egon Verheyen a cherché à rétablir l'ordre dans lequel les cinq tableaux de Mantegna, de Perugino et de Costa étaient disposés dans le «Studiolo» d'Isabella d'Este à Mantoue, afin de retrouver le sens que ces images devaient communiquer à ceux qui entraient dans ce cabinet. Or ce sens, qui se dévoile lorsqu'on passe dans l'ordre souhaité d'un tableau à l'autre, est d'ordre narratif[24].

La juxtaposition d'images est génératrice de récits. Des expériences autrement plus vastes sont en cours à propos de la collection de photos, établie aux Etats-Unis au cours des années trente, par la Farm Security Administration. Cette collection comprend 88.000 photographies : les tentatives de classement établies par ses divers directeurs aussi bien que les nombreux usages personnels faits par des journalistes et des individus aboutissent à un réseau complexe d'innombrables récits[25]. Ces récits sont au début strictement visuels puisque leur contrepartie verbale n'existe pas ; et tant que l'usager n'en donne pas une «traduction» écrite qui en fige la séquence, ils sont en même temps éphémères et arbitraires. Ephémères parce qu'ils n'existent pas au delà du temps de leur assemblage, qui sera détruit dès que les photos seront remises dans le fichier ; arbitraires parce que chaque spectateur tire de ces photos d'autres récits. Il peut même ranger les mêmes photos dans un ordre différent et aboutir ainsi à un récit différent[26]. Des expériences pédagogiques fort intéressantes ont été faites à ce sujet : on donne aux élèves un nombre déterminé de dessins représentant des êtres vivants et des objets (maison, arbre) et on leur demande de les utiliser tous en les rangeant dans un ordre qui donne un récit[27].

Le même phénomène existe, bien entendu, au niveau verbal, mais les conventions culturelles nous empêchent en général d'être sensibles à la mobilité narrative textuelle. On pourrait cependant considérer les textes appartenant à un même genre littéraire comme autant de variantes admises, selon les lois du genre donné, à l'intérieur d'un ensemble. Les variations affectent le rapport mutuel des personnages et, en partie, la séquence des actions. Ainsi, la tragédie classique française postule, c'est une loi du genre, le dénouement malheureux. Mais ceci une fois accepté, on peut estimer que *Rodogune*, *Cosroès*, *Britannicus* et *Mithridate* sont autant de variantes du même récit primitif (ou noyau narratif : le conflit meurtrier entre membres d'une même famille : mère contre fils, fils contre père, frère contre frère, père contre fils, etc.). Cette mobilité narrative — et les effets considérables qu'elle peut avoir sur le sens du récit ! — est particulièrement facile à étudier dans les contes de fées, ce genre ayant l'avantage de la brièveté et de l'absence de motivation psychologique détaillée : les mêmes éléments narratifs peuvent véhiculer deux messages entièrement différents dès que la séquence des actions est modifiée. Ainsi, parmi les contes qu'Aarne-Thompson range sous le type n° 480 («the kind and the unkind girls»), on rencontre deux versions hongroises dont la seule différence consiste dans l'ordre où les deux jeunes filles s'absentent de chez elles : là où la fille du veuf part la première, le conte nous enseigne que la bonté est récompensée et la dureté d'âme punie, tandis que dans l'autre version, là où la fille de la marâtre part la première, le conte nous apprend que la paresse est punie, l'application au travail récompensée[28].

Si l'on veut empêcher que le sens varie, que les images véhiculent des messages différents, voire contradictoires, l'artiste doit, comme l'écrivain, fixer l'ordre dans lequel les tableaux doivent être vus et «lus» : le récit visuel comportera alors, comme les récits écrits, une série d'actions inamovibles. Cet ordre arrêté peut être celui de l'*imprimé* — l'album nous impose le sens de «lecture» voulu par son créateur — ou celui du *lieu* auquel les images furent destinées : le mur de telle pièce dans tel château, le mur de telle église oriente définitivement la séquence des actions et le sens du récit qui en surgit.

Du reste, le lieu de destination facilite la lecture de tout récit visuel, non seulement celle d'une série. Dans une église consacrée à tel saint, on s'attend à voir représentées les scènes de la vie de ce saint-là et non pas celles d'une autre. L'abbé Du Bos avait déjà attiré l'attention sur les difficultés d'interprétation des tableaux à une époque où les tableaux de chevalet, c'est-à-dire des tableaux sans destination spatiale précise, se multiplient[29].

En revanche, plus le sujet est connu, moins l'artiste est obligé de prendre des précautions pour qu'il soit reconnaissable. Il lui arrive même alors — bien que le cas soit rare — de renverser la séquence des actions, tant il est certain de son public. Dans une série de cinq fresques à Pompéi, représentant la mort d'Hector, la scène pendant laquelle Achille tue celui-ci, se trouve située à la troisième place et non pas à la deuxième que, chronologiquement, elle devrait occuper : c'est qu'étant la scène centrale, elle doit occuper le milieu[30]. Une telle disposition non-chronologique d'une série d'images narratives n'est pas sans rappeler le procédé «in medias res» que les théoriciens classiques recommandent pour l'épopée et qui est même indispensable à la tragédie, dans la mesure où celle-ci commence aussi près que possible du dénouement.

Quel est le type de récit que les séries nous racontent, les séries d'images visuelles que nous pouvons regarder dans l'ordre et selon la disposition spatiale voulus par leur auteur ? Certes, on ne dispose pas de statistiques, mais on a tout de même l'impression que ces récits relèvent la plupart du temps du genre de la biographie : les peintures murales et les tapisseries nous racontent les exploits héroïques et miraculeux des saints et des rois[31]. Cette prédilection s'explique bien entendu par l'endroit choisi : des lieux majestueux comme les églises et les palais demandent des sujets élevés. Les images doivent, aussi bien que l'architecture, rehausser la mémoire des fondateurs ou des premiers habitants, elles sont appelées à perpétuer leur éloge.

Mais ce n'est pas seulement le lieu qui impose aux séries d'images narratives un caractère biographique, celui-ci est déterminé également par des considérations strictement narratologiques. La biographie est un récit linéaire simple, dont le début et la fin — naissance et mort du personnage en question — sont si évidents qu'ils sont absolument compréhensibles, accessibles à tous. En revanche, d'autres types de récits peuvent présenter — précisément pour allécher le lecteur, pour le tenir en haleine — des dénouements invraisemblables et inattendus ; que l'on songe au roman policier ou à la nouvelle de la Renaissance. Il ne semble pas que de tels types de récits puissent avoir leurs équivalents visuels : la pointe, et peut-être même tout dénouement-surprise, sont de l'ordre du verbal.

A regarder certaines tapisseries, on pourrait presque douter de leur caractère narratif. Mais il ne faut pas oublier que, dans un récit biographique, le lien entre les événements successifs est lâche et ne ressemble guère aux contraintes de l'intrigue. Les épisodes se suivent sans nécessité interne, «syntagmatique»; ce qui les relie, ce sont le personnage principal et le paradigme de sa grandeur. Que l'on songe à la Galerie Médicis au Louvre ou aux Gobelins de l'*Histoire du Roi*[32] : le grand nombre de détails secondaires, les personnages allégoriques (chez Rubens), les symboles, tout est mis en œuvre pour arrêter le spectateur et l'amener à admirer Marie de Médicis ou Louis XIV. La biographie, l'épopée, la tapisserie sont autant de genres narratifs qui se rapprochent de la rhétorique épidictique de l'éloge.

Les tableaux séparés qui composent ces séries de narration visuelle ont en général un seul événement pour sujet. Il existe cependant des exceptions, c'est-à-dire des cas, où un seul tableau de la série représente déjà plusieurs événements. Ainsi, les dix tapisseries relatant la vie de saint Remi, à Reims, comportent au total une quarantaine d'images visuelles; la scène principale qui se trouve au centre de la tapisserie se trouve précédée et suivie, en haut et en bas, par d'autres qui la complètent. Voici le sujet de la première tapisserie (planche 3) : «L'ermite Montain, aveugle, vit en songe le Christ lui annonçant la prochaine naissance de Remi, fils de Célinie et Emilius (en haut, à gauche). Montain prévient Célinie qui, elle-même, annonce la nouvelle à son époux (en haut, à droite). La scène principale illustre cette naissance, suivie immédiatement du premier miracle : Remi donne la vue à Montain en lui posant une goutte de lait maternel sur les yeux! (en bas, à droite)»[33]. Pour comprendre le sens de l'ensemble, l'œil du spectateur doit suivre un trajet plus rigoureux que dans la Galerie Médicis par exemple; là, tout détail est directement subordonné au personnage central, ici, il faut d'abord élucider les détails, et dans l'ordre chronologique, avant de comprendre leur lien avec le centre. La différence s'explique sans doute par des raisons purement historiques. La *Tenture de la vie de saint Remi* fut exécutée entre 1523 et 1531 et ce procédé est plus ancien — nous y reviendrons —, il semble déjà naïf et démodé au moment où Rubens peint les tableaux de la Galerie Médicis (1622-1625) et où Charles le Brun fait réaliser l'*Histoire du Roi* (1665-1680). Mais il peut y avoir une autre raison aussi : l'admiration que le visiteur des demeures royales est censé éprouver pour un monarque se nourrit de motifs simples et évidents, tandis que le respect que le visiteur d'une église ou d'une abbaye ressent pour un saint d'autrefois repose sur des motifs d'une autre nature. On admire un saint qui a accompli des miracles. Or, pour représenter des miracles, la structure narrative des tableaux qui composent *L'histoire du Roi* ne semble guère convenir : pour faire sentir toute leur puissance affective — et qui suscitera une *admiration* tout autre que les exploits des monarques —, il ne suffit pas, semble-t-il, de se limiter à la représentation de la scène principale. Il s'agit d'un effort pour visualiser un récit *surprenant*, nous retrouvons ici un problème analogue à celui des dénouements inattendus.

La «lecture» de l'*Histoire du Roi* et de la *Tenture de saint Remi* se déroulera donc de manière fort différente. Dans l'*Histoire*, chaque tableau suscite directement notre admiration et l'effet de chaque nouvelle image est purement cumulatif : le tableau isolé et la série demandent la même «lecture». En revanche, les images isolées de la *Tenture* présentent des récits surprenants que le spectateur doit déchiffrer avant d'en subir l'effet ; il traduira, pour ainsi dire, le miracle «compris» en admiration : le tableau isolé et la série demandent donc deux «lectures» différentes.

Comment passer de l'action au récit ? La solution qui consiste à multiplier les images est bonne, dans la mesure où la juxtaposition d'images engendre toujours des récits dans l'imagination du spectateur, mais elle est problématique, elle a, comme nous l'avons vu, certaines limites, là où l'artiste tient à exprimer son récit, un certain récit donné, par des moyens visuels. Voyons maintenant ce qui se passe dans le cas où l'artiste tient à exprimer un récit à l'intérieur d'une seule image.

La solution la plus simple consiste, encore une fois, à multiplier les scènes qui constitueront ensemble le récit : mais comme l'artiste ne dispose pas de plusieurs tableaux, les scènes différentes seront reproduites à l'intérieur du même tableau. La gravure d'Escher intitulée «Rencontre» (planche 4) présente un cas-limite particulièrement intéressant de la transition entre le non-narratif et le narratif. Comme l'a montré Wendy Steiner dans une belle analyse[34], la répétition de la même figure n'engendre pas d'action, ce n'est qu'au moment où un représentant de chacune des deux séries s'individualise pour rencontrer l'autre qu'une action s'ébauche — une action que, ensuite, l'imagination du spectateur contextualise : elle en fait, par exemple, le récit de la rencontre entre un homme blanc et un homme noir, avec toutes les connotations idéologiques que ceci implique[35]. La répétition du même être vivant ne peut pas suggérer l'action parce qu'elle constitue une négation du temps : un déplacement dans l'espace sans la moindre modification corporelle est inconcevable comme action, il symbolise l'éternité ou la mort mais nullement un récit.

A propos des images narratives uniques, on peut apporter une subdivision en séparant les images qui présentent les mêmes personnages à plusieurs reprises et celles qui, pour les différentes scènes consécutives, se servent de personnages différents. Pour la première catégorie, nous citerons des tableaux de Bonsignori, de Gozzoli et de Sassetta, et pour la seconde, *La Manne au désert* de Poussin.

Parmi les sujets mythologiques, que les poètes et les peintres de la Renaissance empruntaient de préférence aux *Métamorphoses* d'Ovide, celui d'Apollon et Daphné fut l'un des plus populaires. Pour les peintres, il comporte des difficultés considérables. Pour échapper aux poursuites d'Apollon, Daphné fut métamorphosée en laurier : il s'agissait donc de représenter deux moments de l'action, également indispensables pour constituer le récit : la poursuite et la métamorphose. Si on en omettait un, le récit serait mutilé et incompréhensible. Bonsignori (planche 5) adopte le procédé traditionnel qui consiste à juxtaposer les scènes indispensables : Apollon y figure donc deux fois, Daphné à son tour une fois comme jeune fille et une fois comme arbre. Le procédé choisi a permis en même temps au peintre d'esquiver le problème épineux de la visualisation d'une métamorphose. Le tableau présentant le moment avant et le moment après, le spectateur sait qu'il doit identifier, la seconde fois, l'arbre avec Daphné[36].

A côté de la répétition pure et simple de la même figure il existe des procédés répétitifs plus subtils qui concilient un peu mieux la suggestion d'une séquence narrative et les exigences éventuelles d'un «réalisme» naissant. Au lieu d'utiliser un espace unique, comme l'a fait Bonsignori, le peintre peut diviser l'espace selon un plan architectural permettant de situer les scènes consécutives du récit dans diverses pièces d'une même demeure. C'est ce que nous voyons par exemple dans un tableau de Benozzo Gozzoli, analysé par Seymour Chatman et, de manière plus détaillée, par Wendy Steiner[37] (planche 6). Le tableau représente la mort de saint Jean-Baptiste : Salomé danse à l'avant-scène, tandis que saint Jean-Baptiste est décapité dans une pièce contiguë et que, dans une pièce du fond, Salomé offre sa tête à sa mère. La répétition se modifiant, les figures ayant chaque fois des positions et des tailles différentes, le tableau de Gozzoli offre au spectateur un récit riche en connotations théologiques et symboliques et demande l'interprétation active du spectateur. Le tableau de Sassetta intitulé «La rencontre de saint Antoine avec saint Paul» utilise un procédé spatial analogue, mais l'«invraisemblance» y est encore davantage atténuée, la solution semble encore plus élégante (planche 7). Le peintre tient à montrer les difficultés que saint Antoine a dû vaincre avant de rencontrer saint Paul : il s'agissait de présenter le résultat pathétique comme le couronnement d'une recherche laborieuse. Saint Antoine figure donc trois fois sur le tableau, à trois étapes du long trajet à parcourir; mais l'espace qui sépare les trois apparitions est si dense, si fortement marqué qu'il remplace, si j'ose dire, le temps. L'invraisemblance — on ne peut bien utiliser ici ce terme que dans le sens qu'il a eu au XVIIe siècle — est moins flagrante que dans le cas de Bonsignori.

Le tableau de Poussin qui représente les Israélites recueillant la manne au désert a fait l'objet de débats théoriques passionnants à l'Académie Royale de Peinture et Sculpture (planche 8); Charles Le Brun lui consacre le 5 novembre 1667 une conférence entière[39]. Ce tableau, avec la foule de personnages qui y figurent, n'est chaotique que pour celui qui ne connaît pas l'histoire; en réalité, il faut regarder ce tableau, en passant, selon un ordre pour ainsi dire chronologique, d'un groupe à l'autre : encore une fois, et beaucoup mieux que sur le tableau de Sassetta, le temps se fait espace. La «lecture» commence en effet en bas à gauche[40] (la misère de ceux qui souffrent de la faim), se poursuit vers la droite (la découverte des mannes qui tombent du ciel) et se termine plus haut, au milieu (les dirigeants du peuple rendent grâce à Dieu). Comme il ne s'agissait pas d'une personne mais d'une collectivité, il n'était pas nécessaire, comme chez Bonsignori ou Sassetta, de doubler ou de tripler le même personnage — ce que les règles classiques de la vraisemblance auraient d'ailleurs exclu —, il suffisait de départager cette collectivité, d'en faire des groupes réagissant plus lentement ou plus rapidement. Aux yeux de son commentateur, il s'agit là, de la part de Poussin, d'une volonté délibérée de se rapprocher du récit verbal, plus exactement des exigences du récit tel qu'il est présenté dans une tragédie : «pour représenter parfaitement l'Histoire qu'il traite, dit Charles Le Brun en effet à la fin de sa conférence, il avait besoin des parties nécessaires à un Poëme, afin de passer de l'infortune au bonheur. C'est pourquoi l'on voit que ces groupes de figures qui font diverses actions, sont comme autant d'Episodes qui servent à ce que l'on nomme Péripéties, et de moyens pour faire connaître le changement arrivé aux Israélites quand ils sortent d'une extrême misère et qu'ils rentrent dans un état plus heureux. Ainsi leur infortune est représentée par ces personnes languissantes & abattues; le changement qui s'en fait est figuré par la chute de la Mane, & leur bonheur se remarque dans la possession d'une nourriture qu'on leur voit amasser avec une joye extrême»[41].

Dans les quatre exemples qui précèdent, les peintres ont eu recours à une ruse, voyante chez l'un, subtile chez l'autre, qui a permis d'introduire dans la fixité de l'image le mouvement indispensable au récit. Dans d'autres tableaux enfin, toute «ruse» est éliminée, seul un moment est retenu, figé : un seul moment est appelé à porter toute l'étendue temporelle du récit. Le Brun parle, dans le passage cité, de *péripéties* au pluriel et le tableau de Poussin en représente en effet plusieurs : il s'agira maintenant de ne représenter que le moment crucial, celui donc où le personnage principal se rend brusquement compte du changement de son état, où son visage reflète par conséquent des émotions violentes et contradictoires. Le tableau de Rembrandt, *Le festin de Balthasar* en est un excellent exemple (planche 9) : le roi effrayé incarne la péripétie et embrasse par conséquent l'ensemble du récit dont il est le centre, ce qui précède aussi bien que ce qui suit.

Ici, la péripétie ne peut plus s'exprimer en une séquence qui, grâce à la disposition spatiale, contient des activités diverses et contradictoires (ex. : souffrance et action de grâces chez Poussin) : la représentation plus ou moins détaillée d'*actions* contradictoires est remplacée par, et réduite à, la représentation, sur un seul visage, d'*émotions* contradictoires. C'est ce que prescrit la doctrine du «punctum temporis» (en anglais : «pregnant moment»), élaborée en particulier par Shaftesbury, au début du XVIIIe siècle, à propos du célèbre sujet d'Hercule à la croisée des chemins[42] : le peintre, pour embrasser le récit tout entier, doit soigneusement réfléchir sur le choix du moment à représenter et celui-ci ne saurait être que le moment de la crise, de la plus grande tension.

Le tableau de Rembrandt illustre à merveille cette doctrine, la réduction dramatique et complète d'un récit tout entier à un seul instant. Les récits dont le centre est occupé non pas par un mais par plusieurs personnages constituent une autre variante, moins pathétique, de la même conception de la narrativité visuelle. L'on pourrait songer à un tableau comme celui de Le Brun, *Les reines de Perse devant Alexandre Le Grand*[43] : le monarque victorieux entre dans la tente où se trouvent la mère et la femme de l'ennemi vaincu. Les deux femmes ont peur, mais le grand roi sera clément : si péripétie il y a, les émotions contraires sont réparties sur plusieurs visages, celles exprimées par le visage des personnages secondaires soutenant et renforçant par ailleurs celles des personnages principaux. En même temps, cette répartition *dans l'espace* constitue un effort pour montrer toute la riche gamme d'émotions qui, pendant une représentation théâtrale, se succèdent *dans le temps* sur le visage et dans les gestes des acteurs[44].

Le trajet est long qui nous mène du riche récit visuel de la *Tenture de la vie de saint Remi* au dépouillement narratif du *Festin de Balthasar* et il faut se demander si une telle réduction d'un récit à son essence ne finira pas par détruire toute narrativité. En réalité, ce qui reste, ce à quoi de telles images nous convient, ce n'est pas le déchiffrement d'un récit, des éléments d'une vie mouvementée ; elles cherchent à nous communiquer uniquement l'effet et le sens d'un récit, son message émotionnel : la peur de Balthasar, la générosité d'Alexandre. Le récit visuel, qui avait, dans les tapisseries, une lenteur épique, rejoint ici l'action théâtrale[45] et la dépasse même dans la mesure où il ne commence pas «aussi près que possible» de la crise : il s'installe dans la crise et, du même coup, se transforme : le récit se perd, seul le message rhétorique reste.

En analysant ainsi différents types d'images narratives, nous avons esquissé l'ébauche d'une taxinomie. Les récits peuvent être représentés par une série d'images ou par une seule image. Chaque image peut comporter plusieurs moments du récit ou un seul moment. Grâce à ces deux critères, nous obtenons quatre cases, qui sont par ailleurs, semble-t-il, inégalement remplies. Ainsi, les séries qui se composent d'images uniques représentant plusieurs moments du récit (exemple : la *Tenture* de la vie de saint Remi) sont assez rares. En revanche, à l'intérieur de la catégorie, «une image - un moment» des subdivisions sont possibles selon le nombre des personnages.

La distinction la plus importante est sans doute celle qui oppose les récits présentés par une série d'images à ceux qui sont comprimés en une seule image, parce que cette distinction repose sur deux conceptions différentes de la narration. La série narrative est de caractère *épique*, elle raconte une *vie* et cherche à éveiller notre *admiration*. L'image narrative isolée est de caractère *dramatique*, elle suggère une *crise* et cherche à susciter auprès du spectateur des émotions plus violentes comme la *pitié*, la sympathie ou l'*horreur*. Le récit épique est un récit paratactique : les scènes, richement élaborées, forment une séquence lâchement reliée et ce n'est sans doute pas un hasard si l'épopée homérique a été parfois considérée comme la description d'une suite de tableaux aujourd'hui perdus[46]. Par contre, le récit dramatique est un récit serré et hiérarchique : chaque détail est soumis à l'intrigue principale[47] qui s'achemine immanquablement et de plus en plus rapidement vers une crise. Le terme *intrigue* n'est pas un terme épique.

Ces deux conceptions narratives permettent-elles de visualiser tout récit ? Il semble bien que non. Nous avons déjà mentionné le roman policier et la nouvelle au dénouement inattendu qui n'ont pas leur équivalent visuel. D'autres problèmes sont encore à signaler. La langue a certaines propriétés qu'elle ne partage pas avec l'image, par exemple la négation. Comment exprimer visuellement des phrases telles que « A n'a pas tué B » ou « C n'a pas mangé »? C'est dans cette perspective qu'on a pu avancer que toute l'œuvre de Magritte était une réflexion philosophique continue ; une réflexion qui cherche à créer des procédés strictement visuels pour exprimer ce qui, jusqu'ici, n'a pu être *que dit*. Il existe des récits, surtout parmi ceux qui se terminent d'une manière surprenante, dont le sens et l'effet semblent être étroitement liés à certaines caractéristiques «intraduisibles» du système linguistique. De même, il existe des péripéties qui ne sont pas visualisables, et où il est impossible par conséquent de trouver les gestes et les expressions appropriées au moment critique choisi. Un exemple : la plupart des nombreux illustrateurs de la fable de La Fontaine intitulée *La Mort et le bûcheron* ont estimé que le moment le plus important de l'action est celui où la Mort apparaît brusquement devant le bûcheron qui, fatigué et désespéré, l'avait appelée. Mais cette rencontre — qui, dans l'univers fictionnel des fables, n'est même pas particulièrement inattendue ou invraisemblable — ne constitue pas la péripétie.

> *Il appelle la Mort, elle vient sans tarder,*
> *Lui demande ce qu'il faut faire.*
> *C'est, dit-il, afin de m'aider*
> *A recharger ce bois; tu ne tarderas guère.*

La péripétie est sous-entendue, elle a lieu pendant les silences et les paroles — anodines, ambiguës, et prononcées pour gagner du temps — du 3e vers cité ici : «C'est, dit-il, afin de m'aider». L'illustration ne saurait rendre un tel type de péripétie : quelles émotions contradictoires et suffisamment explicites l'illustrateur devrait-il mettre sur le visage du bûcheron ? L'image se contente de représenter la scène de la rencontre.

Les deux conceptions de la narration que nous avons rencontrées en examinant les images narratives, loin de comprendre tous les récits, correspondent en fait à certains genres narratifs seulement : la conception épique à l'épopée et à la biographie, la conception dramatique à la tragédie. La nouvelle et le roman, c'est-à-dire précisément les genres narratifs les plus répandus à l'époque moderne, n'ont guère de contreparties visuelles et ceci limite considérablement l'éventuel potentiel narratif des images.

Malheureusement, il semble bien qu'il faut apporter d'autres restrictions encore. Nous avons tacitement admis jusqu'ici que l'image unique peut, dans les tableaux d'histoire de Rubens, de Rembrandt et de Poussin par exemple, communiquer au spectateur un récit complet. Mais est-ce exact? Par rapport à l'icône médiévale, le tableau narratif est sans doute une amplification[48], mais par rapport au récit verbal, il représente une réduction : *le récit complet ne surgit dans la mémoire du spectateur que s'il le connaît déjà*. Ce n'est pas un hasard si l'abbé Du Bos recommande aux peintres de choisir des sujets très connus, dans la Bible et dans la mythologie : c'est que l'image n'est pas une deuxième manière de *raconter* le récit, elle ne fait que l'*évoquer*.

Ainsi entendu, tout tableau unique représentant un récit se présente finalement comme une illustration, à cette différence près que le texte est absent ; il n'est pas imprimé sur la page en face. Le choix du moment, les détails retenus, tout dépend de la volonté du peintre (ou du mécène). Le tableau d'histoire traditionnel renvoie à un texte, et souvent même à d'autres tableaux, préexistants, et ne retient du récit, que le spectateur connaît déjà, que l'effet rhétorique : il dramatise le récit verbal, il fonctionne comme une hypotypose. Mais ceci veut dire du même coup que pour le spectateur qui ignore le récit auquel le tableau renvoie, celui-ci représente non plus un *récit* mais une simple *action* : non plus Balthasar puni par Dieu mais un homme riche qui prend peur, non plus l'intervention divine pour sauver le peuple élu dans le désert, mais une foule énervée en proie au chaos. Le spectateur ne peut individualiser une action pour l'intégrer dans une série narrative qu'en connaissance de cause : la peinture ignore le nom propre. Balthasar devient un homme riche, Israël une foule[49]. Au Moyen Age, les tableaux comportent souvent, même dans les églises, des écriteaux permettant d'identifier les personnages.

Lorsque les traditions culturelles commencent à s'effriter et que la culture se démocratise comme objet de consommation, c'est-à-dire au XVIIIe siècle, les sujets narratifs changent, malgré la survivance tenace des tableaux d'histoire : des deux tableaux de Greuze, *Septime Sévère et Caracalla* et *Le fils ingrat*, le public moderne préférera le dernier (planche 10). Le sujet est suffisamment général et susceptible d'être plus ou moins exactement deviné, les attributs sont reconnaissables : au lieu d'identifier le sujet, le spectateur peut s'identifier avec lui. La situation pathétique et théâtrale ne lui est pas étrangère : elle l'aurait ému même s'il ne connaissait pas le titre. En même temps, bien entendu, un tel tableau répond au goût marqué de l'époque pour la sensibilité quelque peu larmoyante : il se situe dans l'intertexte des tragédies postclassiques ou encore de ces grands tableaux pathétiques qui ponctuent et interrompent le progrès narratif dans les romans de l'abbé Prévost.

Intituler un tableau « le fils ingrat », c'est démocratiser mais aussi dramatiser un récit. Le peintre, refusant dorénavant de recourir à un détour, à une allusion culturelle difficile à déchiffrer, vise la communication et l'émotion immédiates. Lorsque, en revanche, le titre du tableau ne contribue pas à une identification rapide du récit, l'émotion ressentie par le spectateur est ambiguë, inclassable — et, du même coup, les commentaires prolifèrent. On connaît les nombreuses interprétations de la *Tempête* de Giorgione et la « résistance », qu'on pourrait qualifier de non-dramatique et de poétique, que ce célèbre tableau semble toujours leur opposer.

Dans la perspective de la narratologie picturale, en particulier de la doctrine du « punctum temporis », le tableau de Balthus intitulé *La Chambre* présente un intérêt particulier (planche 11). Le titre n'est d'aucune utilité directe : il désigne un espace, aisément identifiable d'ailleurs, et qui a, dans sa fermeture même, quelque chose de menaçant. Mais nous ne ressentons ceci qu'après coup, lorsque nous aurons distingué les traces visuelles d'un récit que le titre, précisément, semble taire. Et quant à la doctrine de Shaftesbury, aucune réponse n'est possible à la question de savoir si le moment choisi se situe au début ou à la fin d'un récit. Je cite Yves Bonnefoy : la lumière « est issue d'une haute et large fenêtre, qu'un rideau peut masquer, mais qu'un être aigu et court, figure de méchanceté et de ténèbre, tient à bout de bras soulevé. On croirait bien qu'il l'écarte et que le jour va entrer, et qu'avec lui le principe de censure, le vieil être de la distance, le gardien de la nuit de l'âme sera vaincu et chasse. Et l'impression de victoire se nourrait aussi de ce corps si éclatant, si intact, qui a su demeurer central dans l'obscurité de la chambre — mais vraiment le monstre ouvre-t-il? Ne va-t-il pas plutôt (son geste serait le même) rabattre le rideau sur sa victime effrayée? L'ambiguïté est réelle. Et cette ambiguïté est destin »[50].

Giorgione et Balthus créent (ou postulent) un récit, mais ce récit est indécis et impossible. Par contre, là où le récit est clair et univoque, où le récit verbal préexiste à son expression visuelle, celle-ci ne peut en être qu'une illustration partiale ou partielle, c'est-à-dire une *interprétation*. Rien n'illustre mieux cette thèse que la manipulation de certains récits par les peintres et la coexistence d'illustrations nombreuses et fort différentes pour certains récits bien connus. Ainsi, pour Mieke Bal, le travail pictural entrepris par Rembrandt à propos du récit de la femme de Potiphar constitue en fait une « réécriture » : là où le récit se compose, dans l'Ancien Testament, de trois fragments consécutifs comportant chacun deux protagonistes seulement, Rembrandt réunit les trois personnages dans un même tableau, conférant à la femme une position centrale qu'elle n'occupait pas dans le récit biblique : «the knowledge of the verbal story partakes of the reading of the painting, but in doing so it brings about a radical change in meaning»[51]. — Pour les illustrations qui deviennent des interprétations, je reprends l'exemple de *La Mort et le bûcheron* de La Fontaine qui fut illustré entre autres par Chauveau (1668), Jean-Jacques Grandville (1838), Gustave Doré (1868) et Gustave Moreau (1886) (planches 12, 13, 14 et 15). A l'exception de Doré qui, conformément à l'esthétique du symbolisme, préfère la suggestion à la confrontation, les illustrateurs ont choisi le même moment central. Mais le rapport des deux personnages représentés est chaque fois autre. Tandis que le contemporain Chauveau suit la poétique aristotélicienne et situe les deux au même niveau pour mettre en relief la force de l'action dramatique et la crise, le romantique Grandville semble préoccupé par des réflexions sombres et pathétiques sur la Mort qui triomphe toujours et présente par conséquent un tableau plus fixe. Enfin, Moreau réinterprète radicalement la tradition et change le message du texte en donnant à la mort la forme d'une femme. Ceci est sans doute même contraire à la morale explicite que le poète ajoute à son récit, puisque la Mort qui apparaît comme une femme séduisante ne peut guère inspirer la peur d'une manière aussi nette que le squelette hideux de Grandville. La différence des interprétations est en effet soulignée par le choix des attributs. Chauveau ne fait qu'esquisser le décor, afin de ne pas détourner notre attention de l'«intrigue». Grandville introduit un hibou et une tour délabrée qui ne figurent pas dans le texte de La Fontaine mais qui renforcent cette sensation envahissante de l'omniprésence de la mort. La forêt, mystérieuse, prend beaucoup d'importance chez Doré, son rôle verbal est minime. Enfin, le paysage revêt dans l'illustration de Moreau la même ambiguïté que sa mort féminisée.

L'interprétation visuelle, comme l'interprétation verbale, ne renvoient pas nécessairement à un texte ou à une image qui préexistent, elles peuvent reprendre un événement[52]. L'image narrative n'interprète plus, dans ce cas, un *récit* connu, mais une *action* qui, grâce à cette interprétation précisément, va s'inscrire dans un récit postérieur, un récit à inventer. Ainsi le meurtre de Marat a donné lieu à plusieurs tableaux, dont l'un au moins, celui de David (planche 16) a certainement contribué au mythe révolutionnaire : l'image fixe un événement et se trouve par là même à l'origine d'un récit. Le tableau d'André Dimitrievitch Gontcharov, dédié quelque cent trente ans plus tard au même sujet (planche 17), semble s'opposer en tout point à celui de

David, bien que les deux aient été conçus dans un contexte idéologique révolutionnaire qui présente quelques analogies. Le tableau de David est pathétique, il s'inscrit dans la tradition néoclassique de la persuasion émotive : le spectateur doit être bouleversé par la vue du grand révolutionnaire mort. Par contre, le tableau de Gontcharov est narratif, dans un sens et une tradition postromantique et expressionniste : il présente deux personnages, et donc un moment antérieur de l'événement. La vue de l'action suscite des émotions autres, et plus violentes, que la vue du résultat. La technique picturale souligne parfaitement cette opposition : les couleurs calmes (brun-clair et vert) et les formes rectangulaires de David contrastent avec les formes maladroitement ovales et les couleurs jaunes et rouges chez Gontcharov. Ici, les feuilles s'envolent en désordre, la violence semble définir l'écriture, là le message reste, l'écriture est lisible.

Le problème de l'interprétation, c'est-à-dire en fin de compte celui de l'interdépendance du verbal et du visuel, se pose-t-il encore si nous postulons l'existence de *récits visuels autonomes*? A première vue, il semble que non. Un récit visuel autonome n'est pas, par définition, l'interprétation de quelque chose qui lui serait antérieur. Et nous savons — les exemples cités au début de ce chapitre le montrent — que de tels récits existent : à partir d'une série d'images, déjà rangée ou que le spectateur arrange lui-même dans l'ordre voulu, chacun invente des récits — les tests psychologiques et les traitements psychiatriques utilisent la faculté narratrice des hommes. Mais on n'échappe pas, sur le plan pratique, à l'inextricable union de nos perceptions sensorielles : pour rendre compte de ce récit suggéré par les images et qu'aucun texte n'a précédé, le spectateur se transforme en narrateur, il se sert de mots, il raconte ce qu'il voit — il interprète. A cette différence près que là où, dans la plupart des cas étudiés dans ce chapitre, l'image interprétait le texte, ici, dans le cas des récits visuels dits autonomes, c'est le texte qui interprète l'image.

Dans ces conditions, est-il possible de concevoir une herméneutique spécifiquement visuelle? Il est certain que tout commentaire est une réduction. Cependant, ici, l'écueil est double : il ne s'agit pas seulement — comme le veulent la science aussi bien que la rhétorique — de subsumer le particulier sous le général, mais encore de traduire le visuel dans le verbal. En admettant tacitement la traductibilité des média, la plupart des méthodes prestigieuses pratiquées par les historiens de l'art n'échappent pas au réductionnisme et nient en fait la spécificité de leur objet de recherche[53].

Au moment où, pour notre perception, l'image se transforme en commentaire d'un texte et inversement, l'image et le texte « seconds » changent en fait de position. Ils ne se trouvent plus au même niveau, c'est-à-dire à celui de deux *objets* rapprochés et comparés, mais plutôt au *méta*-niveau où les commentaires devraient être étudiés entre eux. Face aux tableaux d'histoire qui commentent les textes, on songe aux textes en prose et aux poèmes qui, de Philostrate à Baudelaire et à Rilke, décrivent, c'est-à-dire interprètent des tableaux. Commentaire pour commentaire, leur étude comparée s'impose : le méta-niveau ne comprend pas seulement les travaux critiques d'érudition que les historiens de l'art et les historiens de la littérature consacrent à leurs objets d'étude respectifs[54].

NOTES

[1] La communication non-consciente ne relève pas de notre étude : elle constitue un objet *sémiotique*. Les habitudes tactiles et olfactives des individus, bien qu'elles se laissent interpréter — sur le plan rhétorique — comme une affaire de l'*ethos*, permettent surtout d'identifier ceux-ci et de les classer ensuite, comme membres d'un groupe social. Bien entendu, des éléments non-conscients peuvent participer à un ensemble communicatif conscient, par exemple lorsque quelqu'un rougit en faisant une déclaration d'amour.
[2] *Toucher l'espace - la main et la perception tactile de l'espace*, Presses Universitaires de Lille, 1986, p. 348.
[3] *Op. cit.*, p. 347. Mme Hatwell ajoute : « le modelage du toucher sur la vision n'est sans doute effectif que dans les situations perceptives dites épistémiques (libres de toute finalité pragmatique), et il s'estompe peut-être ou disparaît dès lors que la réussite du travail sensori-moteur de la main s'en trouve compromis » (p. 348). Toutefois, la définition donnée ici de la « situation épistémique » est susceptible de créer des malentendus : la recherche de l'information sur le monde extérieur n'est pas nécessairement « libre de toute finalité pragmatique », elle fait partie de l'un des deux modes fondamentaux d'activité humaine dont parlent Greimas et Courtès [le mode symbolique (action sur les autres hommes)], et donc du processus de la communication (*Sémiotique*, Paris, Hachette, 1979, p. 46). (Voir aussi le schéma au premier chapitre de notre ouvrage). Malgré le statut privilégié de l'ouïe et de la vue, il existe, bien entendu, des différences culturelles dans la perception visuelle; voir là-dessus les recherches classiques de Marshall H. SEGALL, Donald T. CAMPBELL et Melville J. HERSKOVITS (*The influence of culture on visual perception*, Indianapolis, Bobbs-Merrill, 1966).
[4] Voir le catalogue *Gesamtkunstwerk*.
[4a] Lorsque nous avons l'impression de ne pas y réussir, nous revenons même en arrière et nous recommençons la lecture de la phrase une seconde fois.

⁵ On peut se demander, bien entendu, si le travail des organismes touristiques qui construisent des hôtels ou des terrasses à des endroits permettant d'admirer des paysages splendides ne s'intègre pas sémiotiquement dans les considérations développées ici. Pour les nombreuses acceptions du mot *image*, cf. W.J.T. MITCHELL, *Iconology*, Chicago, University of Chicago Press, 1986, p. 9. Dans cette perspective, on consultera aussi l'étude de Daniel JACOBI (*Textes et images de la vulgarisation scientifique*, Berne, Peterlang, 1987) : que «vulgarise» le diagramme? qu'ajoute-t-il au texte?

⁵ᵃ Pour le problème de la cohérence visuelle voir O. HORÁNYI, *Discoherent Remarks on coherence*, in E. ZÖSER, éd., *Text Connexity, Text Coherence*, Hambourg, Buske, 1985, pp. 567-594.

⁵ᵇ Jan VISSERS, *Spreekwoorden in Beeld*, Berg en Dal, Afrika Museum, 1982.

⁶ Klaus Hartmann note, à la suite de Husserl que «Denken ohne *Auschauung* möglisch ist (...) Mit dem Gesagten ist eine These wie die vom Denken in *Bildern* umgestossen. (...) Wörter können streng genommen auch nicht bildlich illustriert werden, aber Bedeutungen können es». (Denken, Wort und Bild, in H. BRUNNER, R. KANNICHT et K. SCHWAGER, éds, *Wort und Bild*, Munich, Fink, 1979, pp. 15-16).

⁷ Allan Paivio parle de la «general superiority of imaginal over verbal mediators in learning when both are equally available», mais il ajoute : «it is likely that the two systems interact continually (...). The image system may contribute flexiblity and speed to the transformations involved in mediated learning, whereas the logical verbal system keeps the transformations on track». (*Imagery and Verbal Processes*, New York, Holt-Rinehart & Winston, 1971, pp. 387-388). Selon Paivio, le système visuel et le système verbal se distinguent par les couples oppositionnels concret/abstrait, parallèle/séquentiel et dynamique/statique (= transformation souple et rapide des images).

⁸ Pour un inventaire des textes les plus importants, voir l'étude de William G. HOWARD («Ut pictura poesis», in *P.M.L.A.* 24 (1909), pp. 40-123).

⁹ Et double : chaque art imite d'abord la Nature, disent les classiques, et, en outre, la poésie et la peinture s'alignent l'une sur l'autre.

¹⁰ Etienne GILSON, *Peinture et Réalité*, Paris, Vrin, 1958, p. 33. Voir aussi W.J.T. MITCHELL, *op. cit.* à la note 5, p. 43.

¹¹ Ernst H. GOMBRICH, «Moment and Movement in Art», in *Journal of the Warburg and Courtauld Institutes 27* (1964), pp. 293-306; Louis MARIN, «La description de l'image : à propos d'un paysage de Poussin», in *Communication 15* (1970), pp. 188-209, et «Eléments pour une sémiologie picturale, in *id.* : *Etudes sémiologiques*, Paris, Klincksiek, 1971, pp. 17-43. Mieke Bal, dans un état présent des recherches sur les rapports entre texte et image, à tendance légèrement déconstructionniste, voit, elle aussi, dans le refus de cette distinction traditionnelle le point de départ et l'essor actuel des recherches dans ce domaine. («Word and Image, Visual Poetics, and Comparative Arts», in *Semiotica*, 1989).

¹² Jacques Thuillier fait remarquer à juste titre que, à l'époque classique, les écrits théoriques consacrés à l'art pictural sont plus riches et plus explicites que ceux, bien plus célèbres pourtant que les poètes (Chapelin, Corneille, Boileau) consacrent à l'art littéraire. [*XVIIᵉ Siècle*, n° 138 (janvier-mars 1983), p. 5]. Pour ces débats théoriques et les problèmes de vocabulaire impliqués, cf. Rensselaar W. LEE, *Ut pictura poesis*, 2ᵉ éd., Londres, Norton, 1967, Peter-Eckhard KNABE, *Schlüsselbegriffe des kunsttheoretischen Denkens in Frankreich*, Düsseldorf, 1972, Wendy STEINER, *The Colors of Rhetoric*, Chicago, The University of Chicago Press, 1982; et mes articles «La rhétorique et la peinture à l'époque classique», in *Rivista di letterature moderne e comparate*, 1984, pp. 105-122 et «Rhetorik, Poetik und die Kunsttheorie», in Chr. WAGENKNECHT, éd., *Zur Terminologie der Literaturwissenschaft*, Stuttgart, Metzler, 1988, pp. 209-222. Chez Fréart de Cambray, de Piles, Félibien, Coypel, Batteux — pour ne citer que les principaux théoriciens français —, on trouvera des efforts systématisés pour transférer le vocabulaire technique de la poésie au domaine de la peinture.

[13] Georg KAUFFMANN, art. cité à la note 30; Manfred MUCKENHAUPT, *Text und Bild : Grundfragen der Beschreibung von Text-Bild-Kommunikationen aus sprachwissenschaftlicher Sicht*, Tübingen, Narr, 1986.
[14] Voir à ce sujet l'état présent de Winfried NÖTH (*Handbuch der Semiotik*, Stuttgart, Metzler, 1985, chap. 5) et mon article «Criteria for describing Word & Image relation», in *Poetics Today*, 1989 (une première version, française, de cet article se trouve dans Michel COLLOT et Jean-Claude MATHIEU, éd., *Espace et poésie*, Paris, Presses de l'Ecole Normale supérieure, 1987, pp. 159-170).
[15] «Das Bild als Argument - Emblematische Kulissen in den Bühnenmeditationen Fransciscus Langs», in *Archiv für Kulturgeschichte 64* (1982), pp. 79-170, notamment les pp. 88-89 et 110-116.
[16] *Entretiens sur les vies et les ouvrages des plus excellents peintres*, vol. V, p. 324.
[17] La méditation religieuse, qui se trouve soumise — en particulier depuis les Exercices de saint Ignace de Loyola et de ses successeurs tant catholiques que protestants — à des règles strictes, peut être pratiquée, non seulement à l'aide de livres de dévotion, mais aussi à partir de recueils de poésie, comme les *Théorèmes* de Jean de La Ceppède, et d'images. Voir à ce sujet Louis L. MARTZ, *The Poetry of meditation*, New Haven, Yale University Press, 1952 et Terence C. CAVE, *Devotional Poetry in France 1570-1613*, Cambridge University Press, 1969.
[18] Roger DE PILES, *Cours de peinture par principes*, Paris, 1708, pp. 462-474.
[19] Voir par exemple, parmi les travaux plus récents, David BORDWELL, *Narration in the Fiction Film* (Methuen, London, 1985).
[20] J'utilise cette expression puisque les animaux anthropomorphisés des fables peuvent parfaitement bien remplacer les êtres humains.
[21] Le paysage qui est traversé par un être humain et le portrait où l'attention du personnage est attirée par quelque objet, constituent bien entendu des cas-limites.
[22] «Methodologically we have to deal with a cycle as if it were one single object of art». Il faut étudier non seulement le rapport réciproque entre les tableaux qui constituent le cycle mais encore leur rapport avec l'espace qui les entoure. (Egon VERHEYEN, *The Paintings in the Studiolo of Isabelle d'Este at Mantua*, New York University Press, 1971, p. 3).
[23] L'expérience est relatée par Manfred Muckenhaupt, à la suite de POUDOVKINE (*op. cit.* à la note 13, p. 191). La revue *Iris* a consacré un numéro spécial à l'«effet Kulechov» (vol. 4, n° 1, 1986).
[24] *Op. cit.*, pp. 50-51.
[25] Cf. Alan TRACHTENBERG, *From Image to Story : Reading the FSA File* (à paraître). Il convient de signaler ici certains romans-photos modernes qui, sans donner d'indications verbales, invitent le lecteur, par la simple juxtaposition de photos, à inventer un récit. Le photo-roman de Marie-Françoise PLISSART, *Droit de regards* (Minuit, Paris, 1985), qui contient en appendice une «lecture» de Jacques Derrida, en est un bon exemple. Cf. Jan BAETENS, «Texte et image dans le roman-photo», in *Proceedings of the First International Conference on Word and Image*, numéro spécial de la revue *Word ans Image* 4/1 (janvier-mars 1988), pp. 170-176.
[26] Une seule image narrative peut se composer à son tour d'éléments mobiles qui, lorsqu'ils sont arrangés autrement, forment une autre image narrative et suggèrent un autre récit. Ecoutons A. MARTIN (*Le livre illustré en France au XVe Siècle*, Alcan, Paris, 1931, pp. 84-85) : pour son édition de *Térence en français* (Paris, 1493), Antoine Vérard «fit graver et groupa un certain nombre de bois de minime dimension comportant chacun un personnage caractérisé : paysan, vieillard, jeune homme élégant, courtisane ou servante, un arbre, ou quelques éléments de constructions. Puis pour chaque scène à figurer cinq de ces bois sont placés côte à côte et au-dessus de chaque personnage dans une banderole s'inscrit son nom. Ainsi les tableaux peuvent être infiniment modifiés

et offrir malgré tout une physionomie satisfaisante. La composition n'en fut pas toujours admirablement surveillée et nous surprenons des acteurs en conversation à se tourner le dos, mais ce sont des accidents relativement rares, et l'ingéniosité du procédé rachète à nos yeux la bizarrerie du résultat».

[27] Cf. M. MUCKENHAUPT, op. cit. à la note 13, p. 186.

[28] Voir mon article «Le conte populaire et la théorie de la littérature», in *Mélanges à la mémoire de Franco Simone*, vol. IV, Slatkine, Genève, 1983, p. 565.

[29] «Le peintre doit avoir cette attention (= de rendre ses sujets reconnaissables) sans cesse; mais elle lui est encore plus nécessaire quand il fait des tableaux de chevalet destinés à changer souvent de place comme de maître». (*Réflexions critiques sur la poésie et la peinture*, 1719, Première partie, Section XIII, p. 109).

[30] Richard BRILLIANT, *Visual Narratives, Story-telling in Etruscan and Roman Art*, Ithaca, Cornell U.P., 1984, p. 64. Voir aussi Nelson GOODMAN, «Twisted Tales», in W.J.T. MITCHELL, éd., *On Narrative*, Univ. of Chicago Press, 1981, pp. 104-106. G. Kauffmann cite, d'après Weitzmann et Grabar, des exemples analogues, tous antiques d'ailleurs («Sprache und Bildende Kunst in der Renaissance», in A. BUCK, éd., *Die Rezeption der Antike* (Hamburg, Hauswedell, 1979), p. 246.

[31] Le photo-roman et la bande dessinée racontent d'autres types de récits; mais comme ce sont en général des genres «mixtes», où l'élément verbal joue un rôle plus ou moins considérable, ils restent en dehors de notre enquête qui concerne pour l'instant la possibilité d'un récit strictement visuel.

[32] Voir à ce sujet le catalogue *L'histoire du Roy* (Editions de la Réunion des Musées Nationaux, 1980).

[33] Résumé cité d'après le dépliant distribué au Musée Saint-Rémi à Reims.

[34] Wendy STEINER, *Pictures of Romance*, University of Chicago Press, 1988, p. 20.

[35] G. Kauffman cite (art. cité à la note 30, pp. 247 et 263) des exemples de répétition, à l'intérieur du même tableau, de la même figure dans des positions différentes afin de donner à celui-ci un caractère narratif.

[36] Le thème de la métamorphose de Daphné permet d'étudier la variété des procédés utilisés tout à fait opposés des siècles classiques pour visualiser un récit. A partir du livre passionnant de Wolfgang STECHOW (*Apollo und Daphne*, 1932, réimpr. Darmstadt, 1965), une morphologie sinon une syntaxe de ce thème pourrait être établie qui commence avant Bonsignori pour déboucher enfin sur le tableau de Poussin (1665) où le thème s'évanouit et se dissout : les symboles du repos et la contemplation succèdent ici à l'agitation de la poursuite et de la métamorphose.

[37] W. STEINER, op. cit. à la note 34, pp. 28-31.

[38] A l'origine, ce tableau a fait partie, lui aussi, d'une série consacrée à la vie de saint Antoine : faute de connaître les autres tableaux de la série, il ne m'est pas possible d'étudier l'ensemble (mais cette étude rejoindra sans doute mes conclusions à propos de saint Remi), mais le tableau séparé représentant un récit complet, je peux m'en servir ici. Cette rencontre fut un récit célèbre et plusieurs fois mis en images à la fin du Moyen Age ; elle figure avec force détails, non retenus ici, dans la vie de saint Paul Ermite, pour le 15 janvier, dans *La légende dorée* (Cf. trad. Teodor de Wyzewa, Perrin, Paris, 1917, pp. 83-84). Le tableau est reproduit aussi par Wendy STEINER (*op. cit.* à la note 34).

[39] La sixième. Les conférences se trouvent reproduites au 5e volume des *Entretiens* de Félibien.

[40] Dans la civilisation dite occidentale, l'habitude s'est installée de «lire» les tableaux narratifs dans le même ordre que l'écriture, c'est-à-dire de gauche à droite. G. KAUFF-MANN (art. cité à la note 30, p. 241) compare la même scène (la calomnie d'Apelle) peinte par Mantegna de droite à gauche et par Botticelli dans le sens inverse et montre que cette différence a des conséquences pour l'interprétation.

[41] Le tableau de Poussin et l'analyse détaillée que Le Brun en donne en 1667 ont été souvent commentés par les chercheurs modernes. Voir en particulier Max IMDAHL, «Caritas und Gnade - zur ikonischen Zeitstruktur in Poussins ‹Mannalese›», in Fritz NIES und Karlheinz STIERLE, éd., *Französische Klassik, Theorie-Literatur-Malerei*, Munich, Fink, 1985, pp. 137-166.

[42] L'essai de Shaftesbury a paru pour la première fois en français, dans le numéro de novembre 1712 du *Journal des Sçavans*; la version anglaise paraît dans *Second Characters of the Language of Forms* (1714). La bibliographie du «punctum temporis» est abondante. Voir aussi Hans HOLLÄNDER, «Augenblicksbilder-Zur Zeit-Perspektive in der Malerei» (in Christian W. THOMSEN et Hans HOLLÄNDER, éd., *Angenblick und Zeitpunkt*, Darmstadt, Wissenschaftliche Buchgesellschaft, 1984, pp. 175-197) qui étudie les rapports entre l'instantanéité de la peinture classique, sans toutefois se référer à la doctrine du «punctum temporis» et Dagobert FREI, «Das Zeitproblem in der Dichtkunst», in ID., *Bausteine zu einer Philosophie der Kunst*, Darmstadt, Wissenschaftliche Buchgesellschaft, 1976, pp. 212-235.

[43] Je choisis cet exemple parce que Félibien a consacré en 1663, dans une brochure publiée séparément, une longue description à ce tableau et en particulier aux diverses émotions exprimées par les personnages principaux et les personnages secondaires.

[44] Qui, du reste, sont en général moins nombreux. Un tableau peut admettre, disent certains critiques, dont l'abbé Du Bos, un plus grand nombre de personnages secondaires pertinents qu'une pièce de théâtre.

[45] On sait que, au XVIIIe siècle, les acteurs étudiaient les gestes et les expressions des personnages peints, tels que leur sens a été déterminé et explicité par certains théoriciens comme Le Brun.

[46] Voir à ce sujet Cicely DAVIES, «Ut pictura poesis», in *Modern Language Notes XXX* (1935), pp. 159-169, et M.C. MITTELSTADT, «Longus : Daphnis and Chloe and Roman Narrative Painting», in *Latomus XXVI* (1967), pp. 752-761.

[47] Tout détail ayant une existence autonome est condamné par les partisans de la narration dramatique : Marmontel aimerait supprimer, dans *Le Cid*, les scènes relatives à l'amour de l'Infante, Charles Perrault critique, dans *Les Pélerins d'Emmaüs* de Véronèse, la présence de personnages secondaires qui ne sont pas directement relatés à la scène principale.

[48] Cf. à ce sujet Hans BELTING, *Giovanni Bellini, Pietà - Ikone und Bilderzählung in der venezianischen Malerei* (Fischer, Frankfort, 1985).

[49] Klaus Kanzog définit, dans un article rapide mais excellent, l'image narrative comme «die Bündelung visueller Elemente (...), die beim Betrachter die Erinnerung an eine bereits bekannte Geschichte auszulösen vermag», et il ajoute : «Das ist auf der Seite des Betrachters zunächst eine Frage des erworbenen kulturellen Wissens. Oft genügen schon minimale Merkmale, um die ‹implizite Geschichte› abzurufen. Anderseits stehen Leute oft vor Bildern, die sie zwar genau beschreiben können, hinter deren ‹implizite Geschichte› sie aber nicht kommen». («Die implizite Geschichte des Bildes», in Rolf KLOEPFER-Karl-Dietmar MÖLLER, éd., *Narrativität in den Medien*, Mannheim, MANA, 1985, pp. 53-70). Les exemples analysés par Kanzog vont du programme narratif d'une église baroque aux photos de presse et de publicité modernes.

[50] «L'invention de Balthus», in *L'Improbable*, Paris, Mercure de France, 1959, p. 74.

[51] Art. cité, à la note 11.

[52] Charles Le Brun, premier peintre du roi, prépare soigneusement la fabrication des gobelins qui doivent représenter l'*Histoire du Roi* Louis XIV, non pas à partir de textes, mais à partir d'une réalité sélectionnée (et sans doute censurée).

[53] Voir notamment les brillantes études de Gottfried BOEHM («zu einer Hermeneutik des Bildes», in Hans-Goerg GADAMER et Gottfried BOEHM, éd., *Seminar : Die Hermeneutik und die Wissenschaften*, Francfort, Suhrkamp, 1978, pp. 44-471), d'Oskar

BÄTSCHMANN (*Bild-Diskurs - die Schwierigkeit des Parler Peinture*, Berne, Benteli, 1977), et de Dagobert FREI («Kunst als Sinnbild», in *op. cit.* à la note 42, pp. 113-211). Pour l'illustration comme interprétation, voir par exemple la belle étude de Stephen Leo CARR, «Verbal-visual relationships, Zoffany's and Füseli's Illustrations of Macbeth», in *Art History 3* (déc. 1980), pp. 375-387.

[54] Une première version anglaise de ces pages («Stories told by Pictures») a paru dans la revue *Style* (vol. 22, n° 2, 1988, pp. 194-208). – Au moment de la rédaction du présent travail, je n'ai pas encore pu prendre connaissance du livre de Bernard DIETERLE : *Erzählte Bilder, Zum narrativen Umgang mit Gemälden* (Marburg, Hitzeroth, 1988).

V. Les modes et les genres

LES CONVERGENCES

Les modes narratifs et argumentatifs de la parole, c'est-à-dire les récits et les discours sont-ils comparables? L'un se laisse-t-il traduire dans l'autre, l'un est-il subordonné à l'autre, ou non? Et un tel travail de comparaison et de conversion peut-il être étendu au domaine du visible, si tant est que la même binarité caractérise également le règne de l'image? Voici les questions auxquelles, au terme de cette étude, il convient de chercher les réponses.

Nous allons aborder dans un instant les diverses opérations qui permettent de rapprocher, voire même de «traduire», le récit et le discours. Mais auparavant, il faut signaler, me semble-t-il, une différence essentielle et qui se situe au niveau épistémologique : il s'agit, dans les deux cas, de différentes *saisies du temps*. On se rappelle ce que nous avons dit au premier chapitre au sujet de la poésie lyrique ; en fait, il est question ici, non pas de deux mais de trois saisies radicalement différentes. Le lyrisme s'obstine, en nommant, à organiser un monde incorruptible, un ensemble d'objets et de mots disposé de telle sorte que le temps ne puisse pas le ronger ; la poésie lyrique refuse la discursivité, elle *nie* le temps. En revanche, le discours, c'est-à-dire le mode argumentatif d'employer la parole, l'*accepte*; ce qu'il ambitionne, l'éloge d'un héros défunt, le vote d'une loi, l'invitation à mener une vie vertueuse, tient compte de l'expérience du temps humain, telle que les destinataires la partagent. Enfin, le récit, à mi-chemin entre la poésie lyrique et le discours, *triche* avec le temps ; il fait comme s'il en épousait le mouvement, mais en réalité, il connaît sa fin *à l'avance*. Il se crée une téléologie *a posteriori*, qui est sans doute le comble de l'artifice.

Cependant, la différence signalée — si elle est fondamentale au niveau épistémologique ou, plutôt même, ontologique — ne semble pas pour autant exclure à d'autres niveaux la possibilité de comparer ces deux modes. Une telle comparaison peut être envisagée de deux manières, soit que l'on postule que l'un des deux modes peut être subordonné à l'autre soit que l'on estime que les deux modes n'en font qu'un, à un niveau d'abstraction plus élevé, puisqu'ils seraient entièrement convertibles. Dans le premier cas, nous concluons à la supériorité du discours sur le récit ou inversement, dans le second, à leur essentielle identité [1].

Dans les récits, les discours peuvent occuper une place importante ; même de brèves anecdotes comportent très souvent des bribes de conversation, mais que l'on pense plus particulièrement au « roman rhétorique » par exemple dont il a été question au deuxième chapitre. Les romans de Crébillon fils pourraient être caractérisés comme des « discours narrativisés » : ce sont les discours, c'est-à-dire les passages argumentatifs qui font avancer l'intrigue. Si, d'un point de vue strictement formel, on peut dire que dans un cas pareil le discours se trouve emboîté dans le récit et que celui-ci constitue le cadre, c'est-à-dire ce qui englobe le discours, de tels exemples ne permettent pas pourtant de conclure à la supériorité hiérarchique du mode narratif ; au contraire : le discours, tout en se trouvant à l'intérieur du récit, se narrativise et fait en réalité éclater les cloisons distinctives entre les deux modes.

Quiconque voudrait démontrer la supériorité du narratif, devrait plutôt se rappeler la revalorisation anthropologique du récit, dont il a été question au troisième chapitre. Si le récit a été autrefois, et est toujours dans certaines communautés, la forme privilégiée de la transmission du savoir le plus valorisé (imitation sociale et morale p. ex.), le discours peut être considéré en effet comme un texte dérivé, qui s'était détaché au cours de l'histoire, dans certaines sociétés avancées, du grand texte mytho-narratif originel. Le récit prime le discours.

Face au discours encadré par le récit, les exemples du récit encadré par le discours ne sont pas moins nombreux. Ce type de récit a même reçu, dans la tradition rhétorique, des noms techniques particularisants : l'un des *lieux* de l'*inventio* s'appelle *exemple*, l'une des parties de la *dispositio* s'appelle *narration*. L'exemple et la narration sont des récits enchâssés dans des discours[2] : le récit est, à l'intérieur d'une démonstration persuasive, une preuve inductive supplémentaire. Les sermons, les plaidoyers, les recueils de nouvelles illustrent à merveille cette thèse. Tous ces récits qui comportent un message, qui n'ont été racontés qu'en vue d'un tel message didactique et persuasif qui les dépasse, suffisent-ils pour conclure à la supériorité du discours ?

En les examinant un peu plus attentivement, on se rend compte que les types de récit en question appartiennent tous à une même catégorie : ils répondent au questionnement du *faire*. La supériorité du discours sur le récit ne pourrait être établie que si les récits des deux autres catégories pouvaient être également mis dans une perspective d'«enchâssement». Contrairement au sermon et à l'apologue, les biographies (questionnement du *vivre*) et les romans (questionnement de l'*être*) comportent rarement des préfaces et des épilogues «moralisateurs» destinés à orienter notre lecture et à conférer ainsi à la narration un cadre argumentatif.

Ce cadre, qui est donc manifeste dans le cas des récits anecdotiques, ne peut être souvent que postulé pour les deux autres types : ici, le texte ne dirige pas explicitement sa propre lecture, celle-ci est fonction d'un choix préalable. Le destinataire lit (ou regarde) les scènes de la vie d'un martyr ou décide de relire *La Princesse de Clèves* ou *L'Homme sans qualités* parce qu'il y est prédisposé, parce qu'il se trouve dans une situation qui le prépare à un tel questionnement. Ici, le cadre argumentatif est extra-textuel, mais une fois que l'on admet que les cadres qui englobent les lectures sont toujours constitués par des situations de communication et de persuasion, on peut conclure à la supériorité du discours. Le discours prime le récit.

Il semble bien que, en dernière analyse, il soit impossible de trancher ce débat de la supériorité : l'écueil de la régression infinie guette. Derrière chaque récit, il y a une situation communicationnelle, mais pour décrire cette situation, force nous est de recourir au mode narratif. Et ainsi de suite.

Quel est le niveau d'abstraction qui permettrait, non pas de réduire l'un des deux modes à l'autre et à en proclamer par la suite l'infériorité hiérarchique, mais de les envisager comme deux modes équivalents d'aborder verbalement la réalité? Ce ne peut pas être le niveau de la *communication*, puisque celui-ci établit, nous venons de le voir, la supériorité du discours : le niveau dont il sera question ici est celui de l'*action*[3].

Toute action présuppose une tâche : le sujet (le destinateur) doit vaincre un obstacle ou résoudre un problème[4]. On postule, pour le niveau adopté, l'équivalence respective des verbes (*vaincre, résoudre*) et des substantifs qui désignent l'objet de leur action (*obstacle, problème*). La différenc sémantique est de l'ordre du concret versus l'abstrait. L'obstacle est une chose : c'est-à-dire — pour citer quelques exemples — la distance géographique, une forteresse imprenable, la volonté d'un père, et pour vaincre, il faut un sujet doué de qualités physiques et psychiques. Le problème est un concept, c'est-à-dire un conflit entre partis politiques, entre deux conceptions sur l'impôt ou sur les qualités de la matière. Il ne s'agit pas de vaincre un problème, il faut l'analyser, en dénouer les fils, le résoudre ; le sujet qui s'y prend doit posséder en premier lieu des qualités intellectuelles.

Au-delà de cette différence, qui concerne la nature du sujet et de la tâche, l'analogie semble être complète. Les quatre phases de la séquence narrative que la sémiotique greimasienne distingue pour le récit ont leur contrepartie exacte dans le déroulement du discours tel que la *dispositio* le décrit dans les manuels de rhétorique : la *manipulation* et la *compétence* correspondent à l'*exorde*, qui contient de nombreux éléments d'*ethos*, la *performance* à l'*argumentation* et la *sanction* à la *péroraison*. La terminologie plus concrète de la narratologie convient sans doute mieux à l'analyse du récit et la terminologie philosophique de la rhétorique à celle du discours, mais en principe rien n'empêche de faire l'analyse narratologique d'un discours et l'analyse rhétorique d'un récit.

Pour en revenir donc, en guise de conclusion, au niveau de la pragmatique ou de la communication : les discours et le récit sont tout autant des qualités de texte que les perspectives du sujet. La question de savoir dans quelle perspective celui-ci veut envisager et présenter la tâche et l'action, comme récit ou comme discours, reste en dernière analyse une affaire de choix.

Les remarques qui précèdent gardent en partie leur validité, me semble-t-il, pour l'image. L'on peut certes séparer le rhétorique et le narratif (portrait versus tableau d'histoire), mais on peut, dans ce domaine aussi, conclure à la supériorité du rhétorique dans la mesure où, le tableau narratif une fois « lu » et identifié, le spectateur est invité à subir les émotions qui en émanent. En outre, l'endroit où l'image se trouve exposée conditionne l'attitude du spectateur, qui a fait le choix de visiter cet endroit : ces circonstances constituent une situation communicationnelle et rhétorique analogue à celles qui entourent la production des discours et des récits.

Par contre, le problème de la convertibilité ne peut pas être posé dans les mêmes termes à propos des genres picturaux traditionnels. Les tableaux que nous avons pu qualifier de « rhétoriques » ne présentent pas une argumentation complète — le vocabulaire des Félibien et des de Piles ne devrait pas nous induire en erreur —, ils réduisent l'élément rhétorique au seul effet final, psychologique : que ce soit le portrait ou le tableau d'histoire ne représentant que le moment de la péripétie, l'image, dans tous ces cas, est destinée uniquement à susciter des émotions (le portrait, l'admiration, le tableau d'histoire, la pitié, etc.). Toutefois, en dehors des genres picturaux traditionnels, le problème de la convertibilité se pose de manière différente : rien n'empêche en effet le spectateur d'interpréter sa lecture d'un tableau non-figuratif comme un parcours argumentatif. On parlera dans ce cas d'une convertibilité aléatoire ou libre : le même tableau — d'un Kandinsky, d'un Klee, voire d'un Mondrian — sera interprété tantôt comme narratif tantôt comme argumentatif, selon le choix du spectateur. Par ailleurs, il faut se demander si l'autoréflexivité qui caractérise l'art moderne (le littéraire aussi bien que le pictural), n'est pas précisément une invitation au destinataire de garder sa liberté, de ne faire aucun choix, de ne se laisser jamais entièrement séduire par l'artifice des récits et la ruse des arguments.

RECIT, DISCOURS, GENRE

Avant de terminer cette enquête sur les catégories et les classements des textes, il convient d'examiner le classement le plus connu et le plus courant, celui selon les *genres*[5], et de voir quels rapports les genres entretiennent avec les catégories que nous avons examinées jusqu'ici. Qu'il soient des éléments constitutifs du texte ou plutôt des mises en perspective du communicable, le récit et le discours sont des catégories trop générales : il y a bien entendu, des genres narratifs comme le conte de fées ou l'anecdote et des genres argumentatifs comme le plaidoyer ou le texte publicitaire, mais d'une part, il faut indiquer dans chaque cas d'autres traits distinctifs pour caractériser un genre donné et, d'autre part, il existe des genres, comme le sonnet, qui comportent aussi bien des spécimens narratifs que des spécimens argumentatifs.

Dans les chapitres respectifs sur le discours et le récit, nous avons rencontré deux autres distinctions, les trois situations rhétoriques et les trois questionnements. Les questionnements sont utiles pour séparer, avec une précision accrue mais toujours insuffisante, les genres narratifs et l'on constate en même temps des analogies entre certains types de récit et certaines situations rhétoriques : la biographie (le questionnement du *vivre*) est en rapport étroit — depuis l'Antiquité, Burgess le signale déjà, dans sa célèbre étude — avec la situation épidictique. Mais en est-il de même pour les deux autres? On peut sans doute supposer certains parallélismes entre le judiciaire et le *faire* (il s'agit d'évaluer anecdotes et nouvelles, d'en tirer parti) mais les liens entre la situation délibérative et le questionnement de l'*être* semblent extrêmement lâches.

Cependant, les genres narratifs ne sont pas les seuls à entretenir un rapport avec les trois situations rhétoriques. Mais ce rapport est extrêmement complexe et ambigu. Prenons l'exemple du sonnet amoureux de la Renaissance; voici un genre fort bien spécifié mais qui peut tout de même relever de l'épidictique (éloge de la beauté de la femme aimée), du judiciaire (plainte contre la cruauté de la dame) et du délibératif (invitation au plaisir amoureux). Tout se passe comme si certains genres littéraires correspondaient moins à des situations globales de la communication qu'à des codes culturels et sociaux qui constituent, à l'intérieur de certaines communautés restreintes et bien déterminées (p. ex. la Cour des derniers Valois), des contraintes plus fortes, transcendant les situations rhétoriques.

Le délibératif est tourné vers l'avenir; c'est dire, du même coup, que tous les textes qui parlent du passé relèvent soit du judiciaire soit de l'épidictique : on peut les considérer en effet comme deux modes d'évaluer le passé. Parler de Napoléon, c'est soit juger ses actions d'après certains critères éthiques, idéologiques, etc. — voici un travail judiciaire —, soit le glorifier ou chercher à le rendre détestable — voici des attitudes épidictiques. Etant donné qu'un très grand nombre de textes (et non seulement des textes narratifs) peut être considéré comme se référant au passé, la dichotomie judiciaire/épidictique est tout à fait pertinente, mais *à l'intérieur* de chaque genre «historique» et non pas pour distinguer des genres.

Tous les genres qui racontent des événements se trouvent, au moins partiellement, tournés vers le passé : on trouve des éléments narratifs dans la ballade et l'élégie, mais ils prédominent, bien entendu, dans les anecdotes, les nouvelles, les plaisanteries, les contes. Si tous ces genres sont possibles soit du judiciaire soit de l'épidictique, c'est qu'on les soumet de nécessité à un critère d'évaluation : du même coup, on introduit dans le compte rendu d'un événement passé un élément qui ronge la narration pure, qui détruit la belle autonomie des événements pour construire, à partir de ceux-ci et rhétoriquement, un récit. Cet élément évaluatif et non-narratif ne gêne guère le poète, qui imite les choses (selon Aristote) «telles qu'elles devraient être», mais il gêne l'historien qui se propose de reproduire la réalité[6]. Cependant, cette mise en contraste du travail du poète (narratif) et de l'historien est dès le début problématique : d'une part, parce que l'historien ne veut pas renoncer non plus à la possibilité et à la noble tâche d'apporter un message, de formuler les «leçons de l'histoire», ce qui ne va pas sans un travail évaluatif — et, d'autre part, parce que la représentation ou reproduction verbale exhaustive et objective de la réalité historique s'avère, malgré tant d'optimismes et d'efforts, impossible. L'opposition, pourtant défendue avec acharnement, entre historien et poète tend finalement à s'estomper, surtout lorsqu'il s'agit d'une période ancienne de notre passé, dont l'idéal scientifique nous apparaît depuis comme douteux ; comment distinguer, et faut-il distinguer, Mézeray et Saint-Réal, Michelet et Balzac? Au lieu de viser une objectivité scientifique impossible, l'historien cherchera à dépasser la narration *épidictique* pour parvenir à produire un texte historique qui *juge*, selon des critères nets, le bien et le mal, l'utile et le nocif, parmi les événements du passé[7].

Tandis que l'histoire politique se compose de textes épidictiques et judiciaires, les histoires culturelles, qui ne portent pas sur des événements politiques mais sur des objets créés dans le passé et hérités, sont en fait largement épidictiques : on n'enseigne, on ne transmet aux générations futures que ce qui est digne d'être admiré (aussi bien dans la biographie, souvent manipulée, des écrivains et artistes, que dans le choix des œuvres retenues)[8]. Ce caractère épidictique est particulièrement marqué dans les manuels traditionnels d'autrefois, des éléments judiciaires s'y mêlent — bien qu'à un degré moindre que dans l'histoire politique — dans les exposés modernes sur l'histoire littéraire ou l'histoire de l'art.

Pour la majorité des genres — au sens courant de ce terme — les critères narratif et rhétoriques mentionnés jusqu'ici ne sont pas suffisants pour parvenir à une définition tant soit peut exacte. Il convient d'en établir d'autres.

LES GENRES

Le genre[9] est une catégorie qui permet de réunir, selon des critères divers, un certain nombre de textes. L'usager perçoit facilement ces critères dans le cas des genres oraux, puisque le contexte social détermine strictement le choix du genre : lorsqu'on assistait à un enterrement chrétien, on s'attendait à attendre une oraison funèbre ; lorsqu'on se rend à la Comédie-Française, on s'attend à voir représenter une tragédie ou une comédie ; en revanche, pour les genres écrits, le contexte social ne se manifeste pas dans l'espace (cimetière, théâtre), puisque les textes sont souvent destinés à une lecture solitaire qui peut avoir lieu n'importe où : l'usager se laisse donc guider par des indications provenant de l'imprimé (format, titre et sous-titre, arrangement typographique de la page). Il s'agit, dans tous ces cas, d'une perception globale, suscitée par des critères strictement externes, contextuels, et qui créent une attente ; cette attente ne sera comblée que par la suite (souvent à la fin du texte seulement), lorsque des critères d'un autre ordre auront permis de confirmer les premières impressions.

Le nombre des critères (des «lois») varie d'un genre à l'autre : le sonnet en connaît beaucoup plus que l'élégie, par exemple. Il est curieux de noter que l'épopée est le genre sans doute le plus sévèrement réglementé, tandis que son «successeur», le roman, qui serait l'«épopée en prose» des temps modernes, est l'un des genres les plus libres, voire les plus «lâches» : le nombre décroissant, sinon l'absence soudaine (et presque totale) des critères, est sans doute en rapport avec une modification radicale de notre civilisation à la fin du Moyen Age. Dans l'histoire et la théorie des genres littéraires, le roman constitue cependant un cas spécial. D'une manière générale, on peut constater que les critères sont plus nombreux et plus stricts pour les genres oraux et les genres populaires (ex. : oraison funèbre, conte de fées, roman policier) que pour les genres écrits, savants (essai, élégie).

Etablir des catégories, c'est distinguer, séparer, classer. Dès que le travail de classement est achevé, l'homme (l'artiste) devient conscient des limites qu'il s'était imposées, ce qui fait naître en lui la volonté de les transgresser. L'histoire des genres littéraires est celle de la mise en place, puis de la transgression progressive des critères qui sont censés les spécifier. La transgression a lieu, grosso modo, en trois étapes : d'abord par la parodie, qui ne met en cause que la moitié, bien équilibrée, des critères (ex. : poésie burlesque, épopée héroï-comique), ce qui permet de rester à l'intérieur du système traditionnel global qui a connu, depuis toujours, la mise en contraste des genres (haut-bas, noble-vulgaire, tragique-comique); ensuite, par un procédé de mélange qui, en supprimant certains critères ou en les refondant, met fin, précisément, à une telle possibilité de «mise en contraste» (ex. : le drame, genre unique — «drame bourgeois», «mélodrame», etc. —, prenant la relève des genres contrastés que sont la tragédie et la comédie), ce qui modifie considérablement, sans cependant l'abolir, le système traditionnel; enfin, par un dépassement de la problématique des genres, une confusion délibérée des critères de tout ordre, telle qu'elle fut pratiquée par les divers mouvements d'avant-garde au XXe siècle qui ont modifié le statut des critères contextuels (cf. les objets de Marcel Duchamp) et refusé toute tentative de classement et de subdivision.

Les nombreuses tentatives de classement que, d'Aristote à nos jours, les critiques ont élaborées ont été souvent décrites et analysées par la critique moderne[10]. Les classements varient quelque peu, mais restent sensiblement les mêmes dans les grandes lignes [sinon peut-être que la triade lyrique-épique-dramatique ne devient un concept tout à fait central que depuis le romantisme (Goethe, Hugo)]; ce qui, en revanche, change considérablement, c'est la justification théorique des classements.

Le classicisme européen, d'Aristote au père Le Bossu, a apporté dans l'ensemble une légitimation d'ordre rhétorique : les genres sont différents de manière «rétroactive», à partir du public envisagé et de l'effet qu'il s'agit d'obtenir. Les critères rhétoriques sont des critères psychologiques, sociologiques et idéologiques (un seul orateur versus deux ou plusieurs acteurs), et l'effet produit par la tragédie (la catharsis) fait partie des critères constitutifs du genre. Hobbes introduit un critère sociologique — fortement hiérarchisé — lorsqu'il assigne aux trois types possibles de communauté sociale, c'est-à-dire à la Cour, à la ville et à la campagne, les trois genres héroïque, comique et pastoral. Enfin, Le Bossu (*Traité du poème épique*, 1675) a élaboré une classification très précise à partir d'un critère moral : chaque écrivain cherche à persuader son public d'une «vérité», qu'il «cache» selon des procédés divers, procédés appropriés à l'état d'esprit et au niveau culturel du public visé. La même «vérité cachée» peut se trouver à la base d'un apologue et d'une épopée; ce qui les distingue, c'est uniquement la complexité des moyens mis en œuvre.

A côté des critères de nature rhétorique, le classicisme a utilisé également des critères hérités de la poétique aristotélicienne. Mais les critères poétiques, concernant par exemple la priorité de l'intrigue ou les notions de vraisemblance ou de bienséance, n'ont pas la même force distinctive que les critères rhétoriques (la priorité de l'intrigue vaut pour tous les genres narratifs, la bienséance pour tous les genres «nobles», etc.); c'est pourquoi nous avons préféré ici mettre en relief ces derniers.

Il est intéressant de faire remarquer que ce qu'il est convenu d'appeler l'esprit baroque a fait naître, parallèlement à la rhétorique moralisante du classicisme, un autre type de classement des genres, qui s'inspire cependant, lui aussi, de la rhétorique; non plus de la rhétorique argumentative des effets, mais plutôt de la rhétorique épidictique de l'éloge. Cet aspect de la rhétorique fut considéré, dès l'Antiquité, comme inextricablement lié aux genres littéraires, mais ce n'est que pendant la période dite baroque que certains théoriciens cherchent à rattacher tous les genres littéraires sans exception aux traditions épidictiques de l'éloge (et du blâme). Ainsi George Puttenham distingue, dans son *The Arte of English Poesie* (1589) : 1) le genre de l'éloge des dieux, l'hymne; 2) les genres permettant de faire l'éloge du prince (épopée, romance, épithalame, etc.) ou de le blâmer (tragédie); 3) les genres permettant de faire l'éloge du bourgeois (épigramme) ou de le blâmer (satire, comédie). Cent ans plus tard, dans l'empire des Habsbourg, Lucas Moesch publie une *Vita poetica per omnes aetatum gradus deducta* (1693), bizarre poème didactique qui conduit le poète (pendant cinq actes symbolisant les cinq périodes de la vie humaine) à travers l'immense jardin de tous les genres possibles et imaginables, qui sont tous conçus comme des genres de circonstance, dont l'unique but serait le soutien pompeux des institutions consacrées et la glorification artificieuse des grands de ce monde.

Le romantisme, hanté par le problème des origines, ou de l'origine, a rattaché le problème des genres à une conception particulière de l'histoire, à une philosophie de l'histoire qui assigne à chacun des grands genres lyrique, épique et dramatique une période de l'humanité, ainsi qu'une vision métaphysique (Hegel, Hugo). En revanche, le déterminisme scientifique du XIXe siècle finissant privilégie une perspective évolutionniste et, comme la biologie, s'intéresse à la naissance et à la décadence des formes (Brunetière).

Le XXe siècle, individualiste à ses débuts, et préférant l'étude de l'œuvre d'art autonome à celle des structures, voit d'abord une mise en question radicale de la notion même de genre littéraire, tendance qui se rattache en particulier au nom de Croce, puis une tentative massive de «réhabilitation». Des mouvements aussi différents que le formalisme russe et l'école dite de Chicago (R.S. Crane, E. Olsen) redécouvrent, dans une tradition aristotélicienne plus ou moins librement interprétée, l'intérêt des classements et la vertu des formes. Staiger (1946) représente sans doute l'ultime réinterprétation, à la fois romantique et existentialiste, de la trop célèbre triade lyrique-épique-dramatique, tandis que Frye, onze ans plus tard, propose un vigoureux système synthétique qui s'inspire à la fois d'Aristote et de C.G. Jung[11].

La critique d'avant le romantisme a toujours conçu le système des genres, à l'instar des institutions et des modes de pensée de l'Ancien Régime, comme un système hiérarchique : certains genres étaient, à tous égards, supérieurs (épopée, tragédie) et recevaient par conséquent beaucoup plus d'attention (et aussi des «lois» plus raffinées) que d'autres, considérés, comme «inférieurs» (farce, roman). Mais on peut utiliser, semble-t-il le terme «hiérarchie» dans un autre sens.

En admettant l'existence de termes qui en embrassent entièrement d'autres du même ordre, on peut parler, à propos des genres littéraires, d'une hiérarchie de trois étages au moins.

1) Au sommet, on mettra les «classements» qui distinguent, pour l'ensemble des textes littéraires, deux, trois ou quatre classes seulement. La distinction vers-prose, qui, étant un critère strictement formel, n'est guère utilisée aujourd'hui, correspond cependant à une réalité à l'époque classique, où ce sont les catégories de poésie et d'éloquence qui recouvrent ce que nous avons appris, depuis, à appeler «littérature» et où la forme versifiée comporte une connotation positive et hiérarchique (le vers est supérieur, plus noble que la prose). L'autre distinction qu'il faut mentionner à ce niveau est celle, bien connue, des catégories lyrique, épique, dramatique (auxquelles certains critiques ajoutent celle de la littérature didactique). Les critères allégués pour distinguer ces trois classes sont particulièrement variés et très hétérogènes : il en est d'ordre psychologique (les trois termes désignent trois attitudes fondamentales de l'esprit humain), d'ordre historique (trois périodes de l'humanité), d'ordre métaphysique (trois perspectives du temps humain). C'est surtout depuis le romantisme que de nombreux critiques ont repris la célèbre triade et se sont ensuite ingéniés à lui trouver une légitimation toute nouvelle.

Sur le plan des critères formels, la triade présente un problème considérable : la narrativité joue un rôle central dans deux catégories sur trois, le caractère spécifique de l'intrigue fait partie de la définition des genres épiques et des genres dramatiques (le merveilleux épique, le dénouement tragique, etc.). D'autre part, la définition des genres lyriques, donc non narratifs, a toujours été difficile; les quelques tentatives qui cherchent à les relier aux deux autres catégories ont, en fait, toujours essayé de les «narrativiser», en insistant, bien entendu, plutôt sur les systèmes relationnels entre sujet et objet que sur l'intrigue proprement dite (le modèle actantiel de Greimas, le modèle triadique du Groupe MU).

Ces catégories très vastes, se situant au sommet de la hiérarchie, ne sont guère désignées par le terme «genre»; on préférera les termes «espèces» ou «classes» (ou simplement, «catégories»).

2) Le terme «genre» est en général réservé au deuxième étage, à l'échelle moyenne de la hiérarchie, où l'on subdivise la triade. Dans la catégorie épique, les genres épopée, roman et nouvelle; dans la catégorie dramatique, les genres tragédie, drame, comédie et farce, et enfin dans la catégorie lyrique, les genres hymne, ode, élégie. Les critères sont hétérogènes, mais, la plupart du temps, ils ne sont plus philosophiques ni purement formels, mais plutôt d'ordre sociopsychologique (le contexte social détermine une attente).

Les genres que nous venons de citer sont ceux qui relèvent de la littérature savante ou officielle, tels qu'ils se trouvent dans les traités de poétique et les manuels. Mais on oublie parfois que la littérature populaire connaît, elle aussi, les mêmes compartiments, qui correspondent aux trois catégories générales: la chanson est un genre lyrique, la ballade un genre dramatique, le conte de fées un genre épique. La littérature populaire d'aujourd'hui, c'est-à-dire la littérature de grande consommation, n'a guère donné naissance à des genres séparés; influencée plus profondément par les genres dits savants, elle en fournit quelques-uns des sous-genres (ex.: le roman policier).

Parmi les genres mentionnés, il convient d'attirer plus particulièrement l'attention sur le roman. Ce genre, négligé pendant des siècles par la critique officielle, envahit, depuis le XIXe siècle, triomphalement la littérature et en chasse, en fait, les autres genres. Dans la hiérarchie des genres, le roman occupe un statut particulier, s'il est vrai, comme on pourrait le soutenir après Bakhtine, que c'est un genre «omnivore», dont l'apparition, dans des circonstances historiques bien déterminées, menace de détruire les autres genres et de faire s'écrouler leur système.

3) C'est en subdivisant les genres que l'on parvient, en bas de la hiérarchie, à ce qu'on pourrait appeler les «sous-genres»; les critères qui permettent de distinguer ceux-ci sont d'ordre historique (et vaguement thématique): c'est ainsi qu'on parle du sonnet de la Renaissance, de la tragédie grecque, du roman picaresque, etc. Le nombre des

sous-genres est difficile à préciser, d'une part parce que les sous-genres se laissent subdiviser encore davantage (ex. : le «sous-sous genre» du sonnet-amoureux de la Renaissance), d'autre part parce que de nouvelles perspectives d'interprétation historique permettent en principe à tout moment d'entrevoir, de «découvrir», des sous-genres qui n'ont pas existé auparavant et que la nouvelle interprétation a créés : ainsi l'introduction d'une perspective baroque a donné naissance dans la littérature française à quelques nouveaux sous-genres comme le sonnet baroque ou le roman baroque.

Certaines contraintes sémantiques sont, pour la définition de tel genre, si évidentes et si fortes que l'on se plaît parfois à les citer seules dans un but ironique. Ainsi, pour Rivarol, les cinq actes de la tragédie et de la comédie, se concentrant sur la mort et le mariage imminents du héros, se caractérisent ainsi :

1er	le héros mourra	se mariera
2e	le héros ne mourra pas	ne se mariera pas
3e	le héros mourra	se mariera
4e	le héros ne mourra pas	ne se mariera pas
5e	le héros meurt	se marie

Par ailleurs, l'écrivain autrichien Alexander Roda Roda donne la liste suivante [12] :

Poetik

Ein Mann allein	Lyrik
Zwei Männer	Ballade
Ein Mann und eine Frau	Novelle
Zwei Frauen und ein Mann	Roman
Zwei Männer und eine Frau	Drama
Zwei Männer und zwei Frauen	Lustspiel

Les deux plaisanteries sont complémentaires, puisque celle de Rivarol se moque de l'action (ou du manque d'action), tandis que celle de Roda Roda ne présente que les personnages stéréotypés et laisse deviner l'action.

Dans notre perspective, la définition la plus élégante des genres littéraires serait, bien entendu, une définition selon des critères sociologiques, puisqu'elle permettrait de les envisager uniquement du point de vue de leur fonctionnement [13], mais une telle opération semble encore illusoire, elle manque de la précision requise. Force nous est donc de nous contenter d'une définition qui combine plusieurs critères d'ordre différents, et qui sont, selon de Meyer, au nombre de quatre : critères stylistiques, énonciatifs, sémantiques et sociologiques [14].

L'ensemble des textes qui constitue un sous-genre peut être considéré comme un ensemble de variantes. Il est courant de parler, dans la littérature populaire, des différentes versions d'un conte de fées, mais on n'a guère étudié les différents sonnets ou les différents romans appartenant au même sous-genre comme autant de versions, disons, du sonnet de la Renaissance ou du roman picaresque. Pourtant l'analogie s'impose, et elle est particulièrement facile à repérer dans le cas des sous-genres narratifs; chaque version peut être vue, à partir d'un noyau narratif hypothétique, comme une nouvelle variante ayant pour but (rhétorique) soit de communiquer un message quelque peu différent, soit de s'adresser à un public quelque peu différent. Dans le cadre du conte type *Le Petit Chaperon rouge*, la version de Perrault représente une mise en garde adressée aux jeunes filles contre les séducteurs masculins, tandis que la version de Grimm est une variante qui vise un public plus jeune et cherche à lui faire peur (le «message» est moins marqué). De même, dans le roman d'amour adultérin de la fin du XVIIe siècle, on peut considérer les spécimens individuels tels que *La Princesse de Clèves, La Comtesse de Tende, Les Désordres de l'amour, Eléonor d'Yvrée, La Duchesse d'Estramène* comme autant de variantes : adultère refusé ou consommé, mort ou survie du mari, et, dans le cas de la mort de celui-ci, acceptation ou refus d'un second mariage.

Un examen formel des genres littéraires devrait commencer par une telle étude inductive qui considère chaque texte particulier à l'intérieur d'un sous-genre comme une «variante». La méthode élaborée par Mélétinski, à la suite de Propp, à propos des contes de fées, semble tout à fait appropriée à une telle étude des «variantes», puisqu'elle est susceptible d'être utilisée pour n'importe quel ensemble de textes : chaque texte devient alors un réseau relationnel établi entre la totalité des êtres qui y figurent (personnages, objets ayant une fonction), et c'est la nature de ces relations (possibles ou interdites, positives ou négatives), étudiée, de manière comparative, dans l'ensemble des textes en question qui permettra de définir le (sous-)genre[15].

Menée par un souci plus logique qu'esthétique ou sociologique d'élaborer des classements nets et pertinents et de dresser une hiérarchie bien équilibrée, la critique a souvent eu tendance à examiner ce qui sépare les genres plutôt que ce qui les unit et, par la suite, à consacrer des monographies à un seul genre envisagé séparément : la tragédie, le sonnet, etc. C'est accorder au genre un statut ontologique, une «essence» que son existence même, à l'intérieur des systèmes de classement que nous venons de passer en revue, semble démentir; c'est en effet oublier qu'un genre n'existe que grâce aux autres, qui le complètent et le combattent. Les genres fonctionnent toujours par rapport à l'ensemble des autres genres en vigueur à un moment donné, et cet ensemble constitue un système. La coexistence des genres et la nature de cette coexistence, les règles qui font fonctionner de tels rapports n'ont guère été étudiées [16]. Comment expliquer l'existence simultanée de plusieurs genres dans la même société ? Faut-il postuler que chaque société dispose à la fois de plusieurs registres affectifs (fantasmatiques) et que les genres correspondent à ceux-ci ? Faut-il croire, avec Le Bossu, que les circonstances varient à l'intérieur d'une société, et que ces changements légers déterminent le choix de la forme extérieure, qui cache, cependant, toujours la même «vérité»?

L'ensemble du système est d'ailleurs toujours menacé. Certains genres sont rongés de l'intérieur et ne survivent que grâce à leur parodie (ex. : le roman héroïque et le roman comique au XVIIe siècle), d'autres vivent et disparaissent ensemble (ex. : la tragédie et la comédie classiques). Les genres «meurent», mais il y a aussi des genres qui «ressuscitent» (la tragédie, de la Grèce à la France; le sonnet, de Ronsard à Hérédia). Les statistiques de l'édition permettent de constater que même pendant des périodes de crise certains genres résistent mieux que d'autres. La durée d'existence des genres est très variée : que l'on songe au théâtre pastoral, genre éphémère (quelques décennies au début du XVIIe siècle) et au sonnet, qui a été en vogue presque sans interruption depuis le XVIe siècle et que l'on peut donc considérer comme un «genre de longue durée».

Le prestige des genres n'est pas le même d'une époque à l'autre, la gloire et la promotion sociale de l'écrivain dépendent donc en partie du genre choisi [17]. C'est à partir du système des genres en vigueur que le problème de l'intertextualité doit être posé. La diachronie — comme la synchronie — des genres est une affaire de réécriture. L'écrivain, par son choix, accepte une histoire — et le présent annoncé par celle-ci — et en refuse d'autres.

Nous constatons dans la civilisation moderne la disparition de bon nombre de genres littéraires strictement codifiés et la permanence, d'autre part, de formes de textes non moins rigoureusement réglementés. Les genres de la communication interhumaine (les règles du discours pendant un enterrement, par exemple) ne sauraient disparaître, mais les genres littéraires s'effacent au moment où la littérature ne fonctionne plus dans la collectivité et où l'art se proclame «inutile» (Th. Gautier) ou «autonome» (la critique moderne), ayant uniquement une valeur de snobisme, de «distinction» sociale (Bourdieu). Les seuls genres artistiques et littéraires qui restent fortement codifiés sont les genres à grande consommation (ex. : le roman policier). Mais la disparition et la confusion des genres traditionnels peuvent être interprétées d'une autre manière encore : il s'agit bel et bien, sauf dans le cas très spécial du roman, de genres d'autrefois, et qui ne correspondent plus aux exigences (psychiques, sociales, métaphysiques) de la société contemporaine.

Les genres sont des structures sociales et si les genres littéraires s'effacent aujourd'hui plutôt que les genres textuels, c'est que l'autorité et l'idéologie qui les ont soutenus ont également disparu. C'est la crise postmoderne des métarécits qui fait éclater les limites et qui se manifeste dans une littérature plurielle et polyvalente, c'est-à-dire à la fois noire et joyeuse.

Face à un tel concept fragmenté ou plutôt à une absence délibérée du concept de la littérature, ce qui subsiste comme instrument d'analyse, ce n'est plus le concept des genres littéraires, fort utile sans doute pour l'analyse du passé, mais ces schémas très généraux, à peine et grossièrement transposés du champ de la communication à celui de l'esthétique, que sont les modes et les questionnements.

NOTES

[1] Dans les pages qui suivent, je reprends — en les modifiant parfois — les hypothèses lancées dans mon article «Texte : discours et récit», in *Revue d'Esthétique*, 1979. – Au moment de la rédaction du présent travail, je n'ai pas encore pu prendre connaissance du livre d'Albert W. HALSALL (*L'art de convaincre - le récit pragmatique*, Toronto, Ed. Paratexte, 1988), qui examine également les rapports entre narratologie et rhétorique.

[2] Pour l'évolution historique, qui conduit à partir d'une rhétorique incluant les éléments narratifs, à l'indépendance grandissante des récits, voir W. TRIMPI, «The Quality of Fiction : The Rhetorical Transmission of Literary Theory», in *Traditio 30* (1974), surtout les pp. 81-97 (à propos de Boccace) et Eugene VANCE, *From Topic to Tale, Logic and Narrativity in the Middle Ages*, Minnesota, University of Minnesota Press, 1987; en particulier le chapitre 4.

[3] Nous reprenons ici la distinction, déjà citée à la note 3 du chapitre précédent, entre activité sur les hommes et activité sur les choses, établie par Greimas et Courtés. A cette différence près que nous considérons les deux activités comme des activités *verbales*, l'action de communication étant l'action verbale selon le mode rhétorique et l'action sur les choses l'action verbale selon le mode narratif.

[4] Le rapprochement se trouve déjà formulé dans les *Eléments de Littérature* de Marmontel. Cf. la réflexion suivante de Grimes : «Both the plots of fairy tales and the writings of scientists are built on a response pattern. The first part gives a problem and the second its solution (...) If the prince rescues some other maiden than the one that was originally abducted by the giant, he hasn't played the game. If the problem to be solved is one in plant breeding, the solution had better be a plant breeding solution, not a sociological one (...)» (Joseph E. GRIMES, *The Thread of Discourse*, La Haye, Mouton, 1975, p. 211).

[5] Je me sers de ce terme général pour désigner aussi bien les *genres littéraires* que les *genres textuels* (plaisanterie, interview, publicité, etc.) que l'on appelle parfois également *genres de discours*. J'évite cette dernière expression puisque le terme *discours* a un sens spécial dans ce livre.

[6] Voir Klaus HEITMANN, «Das Verhältnis von Dichtung und Geschichtsschreibung in älterer Theorie», in *Archiv für Kulturgeschichte 52* (1970), pp. 241-279; et Eckhard KESSLER, «Das rhetorische Modell der Historiographie», in R. KOSELLECK, H. LUTZ et J. RÜSEN, éd., *Formen der Geschichtsschreibung*, Munich, DTV, 1982, pp. 37-85.

[7] Voir à ce sujet les divers travaux de F.R. ANKERSMIT et Paul VERSCHAFFEL, *Tonen. Wijzen. Tekst. Over historisch realisme en historische intelligibiliteit* (thèse Louvain, 1985); Jorge LOZANO, *El discurso histórico* (Madrid, Alianza, 1987).

[8] Voir mon article «pour une histoire intertextuelle de la littérature» in *Degrés 39-40* (automne-hiver 1984).

[9] Dans les pages qui suivent, je reprends certaines réflexions de l'article *Genres littéraires* que j'avais rédigé pour BEAUMARCHIAS, e.a., *Dictionnaire des littératures de langue française* (Paris, Bordas, 1984).

[10] Voir Irene BEHRENS, *Die Lehre von der Einteilung der Dichtkunst*, Halle, 1940; Paul HERNADI, *Beyond Genre*, Ithaca, Cornell University Press, 1972; Gérard GENETTE, *Introduction à l'architexte*, Paris, Seuil, 1979.

[11] Emil STAIGER, *Grundbegriffe der Poetik*, Zurich, 1946; Northrop FRYE, *Anatomy of Criticism*. Enfin, W. HEMPFER (*Gattungstheorie*, Munich, R.W.O., 1973) offre un examen critique approfondi des hypothèses courantes.

[12] Cité d'après RODA RODA, *Heiteres und Schärferes* (Reinbek bei Hamburg, Rowohlt, 1972), p. 29.

[13] Voir à ce propos la belle étude de Horst STEINMETZ, «Historisch-strukturelle Rekurrenz als Gattungs-Textsortenkriterium», in *Textsorten und literarische Gattungen*, Berlin, E. Schmidt, 1983, pp. 68-88.

[14] Pieter DE MEIJER, «La questione dei generi», in A. Asor ROSA, éd., *Letteratura italiana*, Turin, Einaudi, 1985, vol. IV, pp. 245-282. Cette étude constitue peut-être l'état présent le meilleur et le plus détaillé du problème des genres littéraires.

[15] E. MELETINSKI, e.a., «Problems of the Structural Analysis of Folktales», in P. MARANDA, éd., *Soviet Structural Folkloristics*, La Haye, Mouton, 1974.

[16] Cf. Erich KÖHLER, «Gattungssystem und Gesellschaftssystem», in *Cahiers d'histoire des littératures romanes 1* (1977).

[17] Cf. Alain VIALA, *Naissance de l'écrivain*, Paris, Minuit, 1985.

Liste des illustrations

Pl. 1. *Saint François d'Assise*, Basilica Santa Croce, Florence.
Pl. 2. Zurbaràn, *Le bienheureux Henri Suso*, Museo Provincial de Bellas Artes, Séville.
Pl. 3. *La Tenture de saint Remi*, Reims, Eglise St-Rémi, 1er tableau : la Naissance.
Pl. 4. Escher, *La rencontre*, Cordon Art, Baarn.
Pl. 5. Bonsignori, *Apollon et Daphne*, Villa I Tatti, Florence.
Pl. 6. Benozzo Gozzoli, *La danse de Salomé*, National Gallery, Washington.
Pl. 7. Sassetta, *Saint Antoine rencontre saint Paul*, National Gallery, Washington.
Pl. 8. Poussin, *La manne au désert*, Musée du Louvre, Paris.
Pl. 9. Rembrandt, *Le festin de Balthasar*, National Gallery, Londres.
Pl. 10. Greuze, *Le fils ingrat*, Musée du Louvre, Paris.
Pl. 11. Balthus, *La chambre*, Rome, Collection particulière.
Pl. 12-15. Quatre illustrations de *La mort et le bûcheron* : Chauveau, Grandville, Doré, Moreau.
Pl. 16. David, *La mort de Marat*, Musée du Louvre, Paris.
Pl. 17. Gontcharov, *La mort de Marat*, Galerie Tretiakov, Moscou.

Index des notions

actio, 39, 93-94
action, 122, 135
admiration, 56, 57, 94, 95, 96, 101-102, 106
adverbe, 10
amplification, 53, 54
analyse du discours, 14, 38
analyse topique, 40, 52-56
anecdote, 74
antithèse, 56
antonymie, 23-25
apostrophe, 55
argument, 49
argumentation, 16-17, 47, 50, 53, 96; visuelle, 93-96, 123; et narration, cf. narration et argumentation; théorie de l', 32, 38, 49, 61
attribut, 95
autobiographie, 80
auto-expression, 13
autoréflexivité, 123
autorité, 42, 48, 49

banalité, seuil de la, 70
baroque, 128, 131
biographie, 77-81, 100, 101, 107, 124; d'artiste, 78; encomiastique, 79; politique, 78-79

cartésianisme, 35
catharsis, 56, 95

cause, 42
classicisme, 61, 92, 113
clôture, 15, 17, 28
cohérence, 20-30, 90
comédie, 131
comique, 75
commentaire, 93, 111
communication, 7-11, 31, 89, 122; théorie de la, 31-32
communication visuelle autonome, 90-91, 93
comparaison, 42, 45, 48
configuration, 43-45, 49, 52
conjonctions, 22
conte de fées, 82, 87-88, 99
connecteurs diaphoriques, 21-22
contraire, 42, 45
crainte, 56, 57, 94

déduction, 49, 51
définition, 42, 56
délibératif, 46, 54, 124
dénouement, 81-82, 100, 107
description, 16-17, 24, 26, 47, 48, 54
destinataire, 11, 13, 66, 69
destinateur, 11-13, 33, 69, 90, 122
dialogue, 33-34, 95
discours, 31-64, 70, 71, 119-120
dispositio, 39, 122
division, 42, 44, 48, 54
dramatique, 56, 106, 107, 128, 129

école de Chicago, 129
école de Finlande, 67
effet, 42
elocutio, 37, 60
écrit-oral : voir oral-écrit
endroit (lieu), 95, 99-100
entente, 16-17, 26, 32, 34, 41, 48, 57
enthymème, 49
énumération, 52
épidictique, 47, 56, 95, 101, 124-125, 128
épique, 56, 100, 106, 107, 127-129
épitaphe, 27
éthopée, 53
exemple, 42, 44, 49, 52, 82, 121
existentialisme, 61

Farm Security Administration, 98
figures, 40, 51, 53, 96
formalistes russes, 58

grammaire du récit, 68-70
genre, 99, 123, 126-134
genre littéraire et genre textuel, 135

hagiographie, 78
herméneutique, 36, 111
histoire littéraire, 58-59, 93, 125
histoires prodigieuses, 76
historiographie, 124-125
hyponymie, 23-25
hypotaxe, 17-20, 26
hypotypose, 56, 108

identification, 95-96, 108-109
illustration, 108
image, 89-117, 119, 122-123
image et parole : voir parole et image
image narrative, 116
induction, 49, 51
information, 15, 16
interprétation, 83-84, 98, 110-112, 132
intertextualité, 34, 133
intimation, 41
intrigue, 68, 106
inventio, 32
ironie, 53, 57
isotopie, 23-24

judiciaire, 46, 53, 56, 124

linguistique, 9, 10
lieux, 40-50, 62, 96

lisibilité, 27
littérature, 48, 51, 58, 129, 133
littérature populaire, 83, 87-88, 130
logos, 32
lyrique : voir poésie

manipulation, 32
mariage, 72
maxime, 42, 44, 48, 49-50, 56
méditation, 95
mémoires, 80
message, 50-51, 82-83, 99
métaphore, 91
modes : voir narration et argumentation
mœurs (ethos), 13, 32
monologique, texte 33-34, 54-56
moralistes français, 62
mot, 9, 10
multimedia, 94
mythe, 81

narrataire-narrateur, 71
narration, 15-17, 47, 48, 53, 56, 121
narration et argumentation, 119-123, 134
narratologie visuelle, 97
nommer, 7-11
nouvelle, 75-76, 107

obstacle, 122
oral-écrit, 9-10, 14, 90, 126
oralité, 14, 17, 21
ouïe, 90

parataxe, 17-20, 21, 26, 106
parole et image, 91-92, 93, 111, 113
passion (pathos), 32, 40, 56
paysage, 97, 114
peinture, 92
peinture et poésie : voir parole et image
perception sensorielle, 89
péripétie, 105, 107
personnages, 116
philosophie, 35
phrase, 9, 10
pitié, 56, 57, 95, 106
plaidoyer, 51
plaisanterie, 74
le plus / le moins, 41-42, 44, 47, 52, 53, 54, 62
poésie (lyrique), 12-13, 25, 92, 119, 128-129, 130
poétique, 56, 76, 125, 127

le possible / l'impossible, 41-42, 47, 54
postmoderne, 134
portrait, 95, 97, 114, 122
le préférable, 41-42, 44, 52, 53
problème, 122
pronom, 10, 22
prose, 65, 129
pseudo-hypotactiques (textes), 17
psychanalyse, 48
publicité, 63
punctum temporis, 105, 109

questionnement, 34, 74-82, 121

raisonnement (déductif et inductif), 49
récit, 65-88, 120, 125; voir aussi : narration; fantastique, 76, 83; psychiatrique, 72, 81; visuel, 96-110, 116; visuel complet, 108, 111
recueil, 75
réel / non réel, 41-42, 47, 55
répétition, 102
résumé, 69
rhétorique, 10, 32-64, 71, 127
roman, 20, 56, 58-59, 66-67, 72-73, 81, 107, 130; de formation, 75; picaresque, 75, 81; rhétorique, 58-59, 120
romantisme, 36, 57, 66, 93, 128

sentence, 42, 44
sermon, 51
sonnet amoureux, 124
structuralisme, 37, 67-69, 71
substantif, 10
syllogismus, 41
synonymie, 23-25

tableau d'histoire, 108, 112, 122
tableau unique, 101-106, 108
tableaux en série, 98-102, 106
tapisserie, 100
temps verbal, 22
texte, 10, 14
texte-discours, 27
thématique, 50
titre, 109
le toucher, 89
tragédie classique, 98, 100, 107, 131
triade épique - lyrique - dramatique, 129
troubadours, 78

«urban legends», 76
«ut pictura poesis», 91

variante, 99, 132
verbe, 10
visuel et verbal : voir parole et image
vue, 89, 90

Index des noms

Aarne-Thompson, 99
Al-Fárábi, 32, 60, 63
Amadis de Gaule, 72
Amossy-Rosen, 63
Angola, 91
Ankersmit, F.R., 135
Aragon, L., 43
Aristote, 32, 40, 43, 45, 49, 56, 62, 71, 91, 94, 125, 127, 129
Arnim, B. von, 80

Baetens, J., 114
Bakhtine, M., 20, 34, 67, 130
Bal, M., 109-110, 113
Balthus, 109
Balzac, H. de, 57, 75, 125
Banfield, A., 27, 28
Barthes, R., 61, 63
Bary, R., 43
Bätschmann, O., 117
Baudelaire, Ch., 90, 112
Bauer, B., 94, 113
Beaujour, M., 63
Behrens, I., 135
Békési, I., 25, 29
Belting, H., 116
Benoit, Ch., 62
Bettinghaus-Cody, 61
Beugnot, B., 64

Bigsby, C.W.E., 88
Binet, E., 50, 62
Blumenberg, H., 88
Boaistuau, P., 76
Boccace, G., 69, 75, 83
Bochensky, K., 40
Boehm, G., 116
Bonnefoy, Y., 12, 64, 109, 116
Bonsignori, 103, 115
Bordwell, D., 114
Bossuet, J.-B., 48, 70, 94
Bourdieu, P., 134
Bowman, F.P., 64
Bremond, C., 67, 69
Breuer-Schanze, 63
Brilliant, R., 115
Brown-Yule, 27
Brunetière, F., 128
Brunvand, J.H., 76, 86, 87
Bühler, K., 71
Burgess, Th.C., 63

Cahn, M., 39, 60, 62
Camus, A., 59
Cave, T., 114
Cawelti, J.G., 88
Cazotte, J., 76
Cervantès, M., 66, 72, 73, 86
Chafe, W., 28

Char, R., 12
Charolles, M., 26
Chatman, S., 69, 103
Chauveau, 110
Cherry, C., 31, 59
Coenen, H.G., 62
Constant, B., 59
Corbett, E.P.J., 60
Corneille, P., 54-56, 57, 63, 94
Costa, 98
Courtés, J., 59, 112, 135
Crébillon fils, 59, 120
Croce, B., 128
Cronkhite, G., 60
Curtius, E.R., 37, 45, 61

Daniello, 46
David, J.L., 110
Davies, C., 116
Delehaye, H., 87
Démosthène, 70
Denhière, G., 85
Descartes, R., 35, 37-38, 57, 61
Des Forêts, L.R., 59
Dickens, Ch., 75
Dieterle, B., 117
Dispaux, G., 61
Doré, G., 110
Dressler, W., 28
Du Bos, abbé, 100, 108, 115, 116
Du Bos, Ch., 61
Du Bouchet, A., 12
Duchamp, M., 127
Dundes, A., 67
Dyck, J., 45, 62

Eden, K., 60
Ehninger, D., 60
Escher, M.C., 102

Félibien, A., 94, 113, 115, 116
Flaubert, G., 15, 20, 44
Fontanier, P., 61, 64
Frei, D., 116, 117
Frye, N., 86, 129
Fumaroli, M., 64

Garrod-Sanford, 63
Gautier, Th., 58, 133
Genette, G., 61, 135
Geulinckx, A., 10
Gide, A., 61

Gilson, E., 92, 113
Giorgione, 109
Girard, René, 67, 72-73
Goethe, J.W., 63, 127
Goffman, E., 18, 28
Gombrich, E.H., 92, 113
Gontcharov, A.D., 110-111
Goodman, N., 115
Gozzoli, B., 103
Grandville, J.J., 110
Greimas, A.J., 23, 59, 67-70, 122, 130, 135
Greuze, J.B., 108
Grimes, J.E., 135
Grimm, les frères, 132
Grize, J.-Bl., 61
Groupe Mu (de Liège), 23, 29, 61, 130
Gouhier, H., 60
Gülich-Rible, 28
Günderrode, K. von, 80, 87
Gumbrecht, H.U., 64

Halliday-Hasan, 28
Halsall, A.W., 134
Hamon, Ph., 28
Harré, R., 59
Hartmann, K., 113
Hatwell, Y., 89, 112
Hegel, G.W.F., 67, 128
Heitmann, K., 135
Héliodore, 58, 66, 72, 73, 82
Hemingway, E., 76
Hempfer, K., 135
Hernadi, P., 135
Herrnstein Smith, B., 69, 86
Hillman, J., 87
Hobbes, Th., 127
Holländer, H., 114
Homère, 70
Honigmann, J.H., 85
Hovland, C.J., 41
Horace, 91
Horányi, Ö., 113
Howard, W.G., 113
Hugo, V., 36, 127, 128
Huysmans, J.K., 90

Imdahl, M., 116
Iran-Nejad, A., 86
Iser, W., 27

Jacobi, D., 113
Jacques de Voragine, 78

Jakobson, R., 71
Jehn, P., 62
Joseph, M., 41

Kallmeyer, W., 28
Kálmán, B., 10, 27
Kanzog, K., 116
Kauffmann, G., 93, 114
Kendon, A., 27
Kessler, E., 135
Kilito, A., 86
Kim Jong Il, 78-79, 87
Kim Il Sung, 78
Kinneavy, J.L., 27
Kircher, A., 94
Klotz, V., 72, 87
Knabe, P.E., 113
Knapp, M.L., 27
Köhler, E., 135
Korthals Altes, E., 86
Kris-Kurz, 87
Kulechov, L., 98
Kundera, M., 86

Labov-Waletzky, 68, 85
La Ceppède, J. de, 114
La Fayette, Mme de, 20, 58, 72, 132
La Fontaine, J. de, 52, 56, 82, 83, 107, 110
Lang, Fr., 94
Lausberg, H., 61
Lautréamont, 57
Le Bossu, le Père, 51, 127, 133
Le Brun, Ch., 101, 104, 105, 116
Lee, R.W., 113
Leibniz, W.G., 82-83
Le Sage, A.R., 20
Lessing, G.E., 92, 93
Lincoln, A., 48, 57
Lipski, J.M., 85
Locke, J., 91
Longacre, R., 85
Louis XIV, 92, 101
Lovecraft, H.P., 76
Lozano, J., 135
Lukács, G., 67, 72-73
Lundquist, L., 28
Lyotard, J.F., 34, 60, 74

Magritte, R., 107
Mallarmé, S., 12
Malraux, A., 58

Mandler, J.M., 86
Mantegna, A., 98
Marcel d'Ans, A., 34
Marguerite de Navarre, 75, 83
Marin, L., 92, 113
Marivaux, P., 58
Marmontel, J.F., 116, 135
Martial d'Auvergne, 44
Martin, A., 114
Martin, R., 25, 29
Martz, L.R., 114
Masen, J., 94
Maupassant, G. de, 76
May, G., 85
McIntyre, A., 73
Médicis, 101
Melanchthon, Ph., 40, 50, 51, 64
Mélétinski, E., 132, 135
Menestrier, le Père, 94
Meyer, M., 34, 60, 74
Meyer, P.W.M. de, 85, 131, 135
Mézeray, F.E., 125
Michel, A., 60
Michelet, J., 125
Mittelstadt, M.C., 116
Moesch, L., 128
Mitchell, W.J.T., 113
Moreau, G., 110
Morel, J., 63
Most, G., 60
Muckenhaupt, M., 93, 114, 115

Olbrechts-Tyteca, L., 46, 61
Oomen, U., 27

Niehues-Pröbsting, H., 60
Nodier, Ch., 76
Nöth, W., 113
Novalis, 66
Norvig, P., 86

Paivio, A., 113
Pater, W.A. de, 40, 62
Peacham, H., 41
Perec, G., 20
Perelman, Ch., 37-38, 45, 61, 74
Perrault, Ch., 116, 132
Perugino, 98
Philostrate, 112
Piles, R. de, 95, 114
Platon, 35, 91
Pléh, Cs., 86

Plett, H.F., 28, 64
Pline l'Ancien, 77
Plissart, M.F., 114
Poe, E.A., 76
Pompei, 100
Ponge, Fr., 12
Port-Royal, 10, 62
Poussin, N., 92, 103, 104, 105, 115, 116
Prévost, abbé, 58, 108
Propp, Vl., 67, 69, 84, 85, 132
Proust, M., 73, 75, 81
Puttenham, G., 128

Rácz-Szathmári, 27
Radford, J., 88
Rastier, Fr., 29
Reagan, R., 57
Reboul, O., 63
Rembrandt, 105, 109
Renkema, J., 27, 28
Reverdy, P., 12
Richaudeau, Fr., 27
Ricœur, P., 72, 73, 86
Rilke, R.M., 112
Rimbaud, A., 12
Robbe-Grillet, A., 57
Roda Roda, A., 112
Ronsard, P. de, 46, 63, 79
Rousseau, J.-J., 80
Roussel, R., 20, 29
Roustang, A., 92
Rubens, P.P., 101
Rumelhart, D.E., 70

Sabbatini, N., 94
Saint François d'Assise, 96
Saint Ignace de Loyola, 94
Saint Jean Baptiste, 103
Saint-Réal, 125
Saint Remi, 101
Sassetta, 103
Schapp, W., 73, 86-87
Schlegel Fr., 66
Schmitt, J.Cl., 88
Schnell, U., 64
Segall-Campbell-Herskovits, 112
Sermain, J.P., 58, 64
Seuren, P.A.M., 28
Serné, I., 63
Shaftesbury, 105, 109, 116
Smarr, J.L., 68
Souiller, D., 87

Spitzer, L., 64, 92
Staal-Delaunay, Mme de, 80-81, 87
Staiger, E., 129, 135
Stechow, W., 115
Steiner, W., 102-103, 113, 115
Steinmetz, H., 135
Stendhal, 81
Stierle, K., 28, 29
Strozetski, Chr., 60
Szende, T., 59

Tchekhov, A.P., 76
Theis, R., 61
Thompson, St., 85
Thorndyke, P.W., 86
Thuillier, J., 113
Titien, 92
Todorov, T., 67
Toliver, H., 85
Toulmin, St., 61
Trachtenberg, A., 114
Trimpi, W., 134

d'Urfé, H., 44, 66, 72

Vance, E., 134
Van Dijk, T.A., 19, 27, 28, 86
Van Eemeren-Grotendorst-Kruiger, 49, 61, 63
Van Peer, W., 86
Verdaasdonk, H., 29
Veyne, P., 80, 87
Verheyen, E., 98, 114
Véronèse, 92, 116
Verschaffel, P., 135
Viala, A., 135
Viau, Th. de, 53-54, 57
Vickers, Br., 64
Vignaux, G., 61
Vigotsky, L.S., 31
Villemain, B.F., 29
Violier des Histoires Romaines, 84
Virgile, 41, 79
Vissers, J., 113
Voltaire, 70, 87

Wagner, R., 90
Wallace, K.L., 60
Watzlawick, P., 59
Weische, A., 60
Wiedemann, K., 63
Wilensky, R., 70, 86

Winkelmann, Br., 86
Wyzewa, T. de, 87, 115

Young-Becker-Pike, 60

Zeuxis, 77
Zola, E., 36, 43
Zumthor, P., 27
Zurbarán, F. de, 96
Zwaal, P. van der, 48, 63

Table des matières

Préface	5
I. Le texte	7
Nommer et communiquer	7
Les incertitudes de la communication verbale	11
Classements	13
La cohérence	20
II. Le discours	31
L'impossible monologue	31
La rhétorique	35
Les lieux	40
L'analyse rhétorique	50
III. Le récit	65
Artifice et savoir	65
Les trois questionnements narratifs	74
IV. L'image	89
Le verbal et le visuel	89
L'argumentation visuelle	93
Le récit visuel	96
V. Les modes et les genres	119
Convergences	119
Récit, discours, genre	123
Les genres	126
Liste des illustrations	137
Index des notions	139
Index des noms	143

PHILOSOPHIE ET LANGAGE
Collection publiée sous la direction de MICHEL MEYER

Ouvrages déjà parus dans la même collection:

ANSCOMBRE / DUCROT: L'argumentation dans la langue.
BORILLO: Informatique pour les sciences de l'homme.
CASEBEER: Hermann Hesse.
COMETTI: Musil.
DOMINICY: La naissance de la grammaire moderne.
GELVEN: Etre et temps de Heidegger.
HAARSCHER: La raison du plus fort.
HEYNDELS: La pensée fragmentée.
ISER: L'acte de lecture.
KIBEDI-VARGA : Discours, récit, image.
KREMER-MARIETTI: Les racines philosophiques de la science moderne.
LARUELLE: Philosophie et non-philosophie.
LATRAVERSE: La pragmatique.
LAUDAN: Dynamique de la science.
MAINGUENEAU: Genèse du discours.
MARTIN: Langage et croyance.
MEYER: De la problématologie.
MOUREY: Borges, vérité et univers fictionnels.
PARRET: Les passions.
SHERIDAN: Discours, sexualité et pouvoir (Michel Foucault).
STUART MILL: Système de logique.
VANDERVEKEN: Les actes de discours.
VERNANT: Introduction à la philosophie de la logique.

A paraître:

ADAM : Théorie et pratique du texte.
AUROUX : Histoire des idées linguistiques.
BESSIERE : Dire le littéraire.
CARRILHO : Pour une nouvelle rationalité.
EVERAERT-DESMEDT : Le Processus interprétatif - Introduction à la sémiotique de Ch. S. Peirce.
HINTIKKA: Penser Wittgenstein.
JACOB : Anthropologie du langage.
MAYALI: Norme et consensus.
MEYER : Langage et littérature.

MEYER/PLANTIN : Argumentation et signification.
PARRET : La communauté en paroles.
PLANTIN : Argumentation et communication.
ROSEN : Philosophie et crise des valeurs contemporaines.
STOCKINGER : Le contrat.
TAHA : Logique naturelle et argumentation.
VIDIK / BAUER-BERNET : Intelligence artificielle.